L'intelligence collective en action

VINCENT LENHARDT ET PHILIPPE BERNARD

L'intelligence collective en action

Village Mondial

Mise en pages : FAB Orléans

ISBN 2-7440-6178-6

À Jean Leducq, fondateur du groupe Elis,
et à toute l'équipe de direction qui m'a accompagné
avec enthousiasme dans cette démarche.

PHILIPPE BERNARD

L'entreprise offre une opportunité de croissance
aux personnes en leur permettant de rencontrer le prince[1]
ou la princesse qui réside, trop souvent ignoré(e),
en chacune d'elles.

Je dédie ce livre à tous les « princes »
et « princesses » que j'ai rencontré(e)s
et qu'il me tarde de voir assuré(e)s du royaume.

VINCENT LENHARDT

1. Voir Figure 3.5, « Les 6 niveaux identifiés pour le travail de coach », sur l'anthropologie.

Remerciements

Nous souhaitons remercier tout particulièrement *Jérome Curnier*[1] qui a grandement contribué à l'élaboration de cet ouvrage dans sa genèse, dans sa rédaction et dans les illustrations.

Mes remerciements à mes partenaires de Transformance et tout particulièrement Laurent Buratti et Philippe Masson, pour nos échanges riches et fructueux tout au long de la rédaction de ce livre et dans nos interventions communes dans la mise en intelligence collective.

Nos remerciements vont également à Corinne Ligault, pour avoir assumé la difficile tâche de frappe, de relecture et de correction du manuscrit.

1. Consultant et coach, ESC Ceram (Sophia Antipolis) et MBA (Pennstate University). Associé du cabinet Didascalis (Chambery) et membre du collège des enseignants « CT » (Coaching & team Building) présidé par Vincent Lenhardt.

Sommaire

Préface 1
Comment lire ce livre ? 5
Introduction 9

Première partie

Elis : exemple du déploiement de l'intelligence collective

La rencontre avec Transformance 19
Les étapes du déploiement 26
Vocabulaire de l'intelligence collective 31

Deuxième partie

La vision

Qu'est-ce que la vision d'une entreprise ? 39
Ce qui rend une équipe de direction « visionnaire » 44
Une réalité, des réalités 49
Élaboration de la vision 69
Déploiement 79
Alignement (ou mise en cohérence), exemplarité, accompagnement 83
La vision d'entreprise chez Elis : extraits et explications de texte 86

Troisième partie
L'entretien d'évaluation

La grille d'évaluation de General Electric 101
Les enjeux de l'entretien d'évaluation 103
La fiche d'entretien d'évaluation annuel d'Elis 120

Quatrième partie
Le développement identitaire des acteurs

L'identité du dirigeant 128
La sécurité ontologique 137
Les paradoxes identitaires 143

147

Postface
La transformance : un nouveau défi pour le dirigeant 147

Annexe 1
Questionnaire préparatoire pour le travail sur la vision 155
Annexe 2
À propos d'Elis 159
Annexe 3
À propos de Transformance 163

Bibliographie 167

Préface

L'expérience vécue par l'entreprise Elis et le témoignage de son président Philippe Bernard montrent que toute entreprise peut mettre à profit le développement de l'intelligence collective, sans avoir besoin pour cela de traverser une crise. Je pourrais reprendre à mon compte la plupart des propos tenus dans cet ouvrage. J'ajoute que notre situation le confirme, même si elle est quelque peu différente.

Au nom de l'ensemble des équipes qui constituent le Groupe Oddo, je voudrais préciser que l'intelligence collective n'est pas mise en œuvre par des exercices théoriques : il s'agit bel et bien d'exercices pratiques, de méthodes de mise en action qui peuvent avoir des répercussions plus importantes et positives que ce que nous avons pu imaginer au départ.

J'ai rencontré Vincent Lenhardt au milieu de l'année 2002. La conjoncture boursière était particulièrement difficile. Les marchés avaient connu une expansion historique à la fin des années 1990, pour initier une période de baisse qui s'annonçait particulièrement longue et difficile, tant pour le compte des clients investisseurs que nous gérions et conseillions, que pour le compte des sociétés qui cherchaient à faire appel au marché. L'évolution de notre activité étant liée au dynamisme des marchés, nos équipes connaissaient une baisse sensible de leur rémunération, de même que des perspectives professionnelles moins épanouissantes que celles qui prévalaient quelques années auparavant.

Il s'agissait alors soit de subir, soit de nous remettre en question et de reprendre notre destin en main. Le Groupe Oddo est composé à 80 % de cadres, avec une forte proportion de cadres supérieurs. L'essentiel de l'actif de la société prend l'ascenseur tous les matins et risque de ne pas revenir le lendemain s'il sent qu'il pourra s'épanouir davantage à l'extérieur. S'il apparaissait évident, pour les plus clairvoyants, qu'il ne fallait pas continuer à laisser faire en attendant simplement un redressement de la conjoncture, la question du comment faire et avec quelle énergie retrouvée s'avérait particulièrement délicate, notamment pour celui qui se sentait au premier chef responsable de la situation.

Vincent m'a alors proposé de consulter l'ensemble de l'équipe dirigeante, sur l'entreprise, sa situation, sa stratégie, les modalités de sa direction et de son management. Nous avons fait preuve de la plus grande transparence puisque nous avons rassemblé l'ensemble des dirigeants en question, et retranscrit intégralement tous leurs propos. Ils ont pu constater que nous avons été parfaitement exhaustifs. Cela a été, à mon sens, la première étape de la vision partagée. Nous avons ensuite très largement ouvert cet exercice à l'ensemble de l'entreprise pour mener à bien une opération dite « portes ouvertes », qui a permis à tous les collaborateurs de s'exprimer. Le diagnostic était là, aux yeux de tous : nous pouvions ainsi faire appel à tous ceux qui avaient la volonté et l'esprit d'entreprendre pour entrer ensemble dans une phase de reconstruction. L'intelligence collective devenait possible puisque le ressenti de chacun (souvent de manière anonyme) était à la portée de tous.

Nous avons alors organisé des groupes de travail transversaux à l'entreprise, ce qui nous a permis de mélanger des personnes d'horizons divers, pour relever les principaux enjeux observés par les équipes. Nous avons mis en place différents chantiers, tant business que transversaux, concernant notamment les ressources humaines et surtout la vision. Nous avons travaillé en commun sur la vocation de l'entreprise, sur ses ambitions, ses valeurs. Nous avons fait appel à l'ensemble des managers (110 sur 650 personnes) afin de définir les principes de management que nous devions retenir pour évaluer les collaborateurs.

Pour créer une dynamique positive, Vincent Lenhardt et Laurent Buratti nous ont initiés à leurs exercices d'inclusion : comment se retrouver à six sur un « tapis plié » en quatre, apprendre de nouvelles méthodes pour donner des signes de reconnaissance positive, ou une autre présentation de soi-même... Nous avons été coachés par un de leurs collègues, qui était là pour nous aider à renforcer ce qui n'avait pas été suffisamment développé.

Plusieurs éléments nous ont aidés : des exercices rappelant l'évidence de la nécessaire qualité de l'écoute pour pouvoir faire avancer des sujets collectivement, ou encore l'évidente subjectivité de la réalité, illustrée par des dessins tels que celui de Boring : en observant en petits groupes cette représentation, nous nous sommes surpris à mettre un certain temps à retrouver la jeune femme et la vieille femme (voir la Figure 2.12). Plus spécifiquement, nous avons perçu quelle pouvait être la position et le rôle de chacun. J'ai personnellement beaucoup appris sur la dynamique du dirigeant ressource. Afin de maximiser les chances d'expression des idées de chacun, elle fait appel à une retenue plus grande que celle qui était la mienne auparavant. Le collaborateur en charge devient le réel porteur du projet.

Le temps et l'investissement que nous avons consacrés à cette démarche se sont traduits de manière concrète par un certain nombre de décisions très opérationnelles, dont deux me paraissent être les plus importantes. Nos équipes avaient en effet mis en évidence une faiblesse des ressources humaines en général dans l'entreprise, ainsi qu'une faiblesse des modalités de management.

D'une part, nous avons considérablement renforcé le rôle des RH dans le groupe : nous avons mis en place des entretiens d'évaluation qui sont maintenant réalisés à plus de 90 % deux fois par an, créé une dynamique de mobilité interne qui a touché plus de 8 % des équipes en 2004 et donné, au sein du comité exécutif, un rôle clé au responsable de ce département.

D'autre part, en ce qui concerne les modalités du management, nous ne prenons plus de décisions significatives sans une large responsabilisation des équipes concernées. À titre d'illustration, nous avons mené à bien deux opérations de croissance externe en 2004 et sommes sur le point d'en finaliser une nouvelle en 2005. Avant de prendre quelque décision que ce soit, nous avons très largement partagé l'information avec le comité exécutif, qui a décidé à l'unanimité de donner suite à chaque projet. Chacun s'est exprimé sur le sujet, même s'il n'était pas directement concerné. Les équipes en charge des activités concernées se sont elles-mêmes prononcées, après avoir étudié très largement le dossier, sachant qu'elles seraient amenées à remettre en question leur propre organisation. (Cela a notamment été le cas lors de la reprise des activités d'intermédiation action du Crédit Lyonnais, qui regroupaient 130 personnes alors que les nôtres n'en comptaient guère d'avantage.) En parallèle, nous avons très largement consulté notre comité d'entreprise, qui a ensuite joué un rôle particulièrement positif dans la réussite de l'opération. Enfin, nous avons donné un rôle central au management des sociétés rachetées, afin qu'il adopte lui aussi un état d'esprit empreint de responsabilité et d'intelligence collective.

Pour finir, j'inviterai tout dirigeant qui se sent seul face à des difficultés à ne pas hésiter à se remettre en question. Il y a fort à parier que les équipes qui l'entourent ne demandent qu'une seule chose, porter la responsabilité avec lui, pour autant qu'il cherche à se poser en tant que dirigeant ressource. La méthode proposée par Vincent nous a aidés, et nous avons encore beaucoup à apprendre.

Bonne lecture, et surtout n'ayez pas peur de rentrer dans l'action !

PHILIPPE ODDO
Associé gérant de Oddo et Cie

Oddo et Cie est le groupe numéro un des entreprises d'investissement françaises familiales, partenariales et indépendants avec plus de 650 collaborateurs, et un résultat net 2004 de 34 millions d'euros.

Comment lire ce livre ?

Cet ouvrage est organisé de façon à permettre différentes lectures.

- Le lecteur a la possibilité de se plonger directement dans la partie qui l'intéresse, sans nécessité d'avoir lu au préalable les autres parties.
- Le lecteur peut procéder à une « lecture rapide » de l'ensemble.

Si ce livre constitue une réflexion à partir d'une aventure vécue avec l'entreprise Elis et progresse selon une logique chronologique, en s'achevant sur l'entretien d'évaluation et le développement identitaire. Il peut cependant être lu à l'inverse, en commençant par ces dernières parties. En effet, les réflexions sur l'entretien d'évaluation et le développement identitaire nous paraissent essentielles et représentent des préalables déterminants pour la compréhension et la mise en œuvre du développement de l'intelligence collective, pour l'identité de positionnement et la reconfiguration nécessaire des acteurs : la « transformance ».

Les interventions de Philippe Bernard sont mises en valeur au fil du texte par un fond grisé.

Dans cet ouvrage, nous présentons divers types d'informations : des événements et des faits, des concepts, des outils, mais aussi des réflexions sur le management ou diverses pratiques, autour de ce que nous appelons la « transformance », qui regroupe la théorie et la pratique du développement de l'intelligence collective.

En introduction, nous énonçons en quelques lignes les axes de notre réflexion et positionnons cet écrit dans son ambition : celle de servir de référent potentiel à tout entrepreneur et de souligner, au-delà du métier de celui-ci et de sa situation spécifique – environnement, stratégie et stade de développement –, l'importance majeure qu'il peut donner au développement de l'intelligence collective et à la transformance, comme la focalisation de ses enjeux et son action.

Dans la première partie, consacrée à Elis et à l'exemple de déploiement de l'intelligence collective qu'elle nous offre, nous exposons notamment un certain nombre de résultats qualitatifs et de bénéfices secondaires, identifiables à travers les comportements et les feedbacks des différents acteurs internes ou externes. Figurent aussi des résultats quantitatifs, cependant plus difficiles à formuler : en effet, l'ensemble des actions menées ont davantage visé la mise en place de processus que celle d'actions de production opérationnelles directes et quantifiables. Nous précisons ensuite les éléments constitutifs de chaque étape du déploiement et commentons les difficultés rencontrées, ainsi que les méthodes spécifiques employées.

La deuxième partie, sur la vision, nous permet justement de présenter les éléments constitutifs de cette vision. Nous y évoquons aussi les différents processus qui permettent d'élaborer une vision et les préliminaires nécessaires aux acteurs (compréhension de la métacommunication, positionnement identitaire, compréhension des composantes incontournables de la complexité). Nous insistons particulièrement sur la nécessité de prendre en compte, de façon indissociable, les éléments que sont l'élaboration, le déploiement, l'alignement, l'exemplarité et les accompagnements. Si un seul de ces cinq éléments est défaillant, la mise en intelligence collective devient illusoire.

Dans la partie concernant l'entretien d'évaluation, nous nous focalisons sur cet outil du management comme le catalyseur majeur de l'*alignement* (ou mise en cohérence des systèmes de management). Nous en décrivons les différents aspects, et surtout les enjeux qu'il touche, trop méconnus des responsables qui pratiquent cet entretien. En effet, ces derniers ont très souvent tendance à le réduire à une formalité contraignante et centrée sur la récompense ou la sanction, alors qu'il s'agit d'un espace de construction identitaire individuel et collectif.

La dernière partie, qui traite du développement identitaire des acteurs, est au cœur de notre ouvrage en ce sens qu'elle exprime notre conviction que le potentiel et les limites d'une organisation sont à la mesure du potentiel et des limites de l'identité de ses acteurs, bien évidemment, mais plus particulièrement de son équipe dirigeante. Nous proposons, dans cette partie, des prolégomènes à une anthropologie managériale dans la complexité.

Enfin, la postface nous permet de tirer quelques leçons de ces travaux et d'inviter les responsables internes ou externes à l'entreprise à mieux identifier, nommer et se préparer à ce que nous appelons la *transformance*.

L'Annexe 1, « Questionnaire préparatoire du travail sur la vision », est un questionnaire destiné à guider la personne qui a la charge d'entamer un travail sur la vision de son entreprise. Il doit lui permettre de développer une réflexion préalable sur l'élaboration, le déploiement, la mise en cohérence, l'exemplarité et l'accompagnement.

L'Annexe 2, « À propos d'Elis », présente les services proposés par l'entreprise.

L'Annexe 3, « À propos de Transformance », présente l'identité et le positionnement de la société du même nom, cabinet de conseil à l'expérience et à l'ambition somme toute originales. Cette intégration de l'humain et de l'économique selon un mode récursif est le résultat de la rencontre d'acteurs qui ont réellement intégré le développement de la personne dans ce qu'il a de fondamental, ainsi que les processus de changement organisationnels.

Introduction

L'intelligence collective en action vient dans la continuité des trois ouvrages précédents : *Les responsables porteurs de sens*[1], *Oser la confiance*[2] et *Engagements, espoirs, rêves*[3].

Le livre *Les responsables porteurs de sens*, comme l'indique le sous-titre *Culture et pratique du coaching et du team-building*, est une présentation des éléments constitutifs de la culture du coaching et du team-building. On y trouve, rassemblées et intégrées, des théories du management, de la communication et de la culture du développement de la personne (systémique, psychologie humaniste, psychanalyse, etc.).

Dans l'ouvrage *Oser la confiance*, Bertrand Martin relate le redressement spectaculaire, entre 1985 et 1997, d'une entreprise industrielle redéployée dans un contexte mondial (la filiale française du groupe suisse Sulzer). Ce redressement est le fruit d'une approche de mise en intelligence collective par son dirigeant, selon des modalités qui sont devenues sources d'inspiration pour de nombreux responsables français. Bruno Jarrosson et moi-même avons commenté et théorisé cette expérience, chacun à notre façon ; pour ma part, j'ai inséré une brève synthèse de mon livre précédent, en la complétant de réflexions sur l'éthique et l'identité.

Engagements, espoirs, rêves, reprend à son tour l'expérience du redressement du secteur agrochimique de Rhône-Poulenc dans les années 1993-1996, à travers le récit d'Alain Godard, son directeur général. J'ai contribué à cet ouvrage en soulignant, au travers d'une interview d'Alain Godard, les traits de personnalité et les qualités qui doivent caractériser un dirigeant se lançant dans une telle opération. Renonçant

1. Lenhardt, V., *Les responsables porteurs de sens – Culture et pratique du coaching et du team-building*, Insep Consulting, nouvelle édition enrichie, 2002.
2. Martin, B., Lenhardt, V. et Jarrosson, B., *Oser la confiance – Propos sur l'engagement des dirigeants*, Insep Éditions, 1997.
3. Godard, A. et Lenhardt, V., *Engagements, espoirs, rêves*, Village Mondial, 1999.

aux approches traditionnelles fondées massivement sur la réduction des coûts, le plan social et une réorganisation imposée d'en haut (« downsizing », « lean management », etc.), Alain Godard a délibérément choisi une autre démarche : co-construction avec ses équipes, mise en intelligence collective de l'organisation à travers un déploiement très complexe et participatif de principes de management, déploiement organisé autour d'une responsabilisation de l'ensemble des acteurs. Dans cet ouvrage, j'ai tenté, en soixante-dix pages, de rassembler vingt-cinq ans de ma pratique de consultant-accompagnateur de dirigeants et d'équipes, et de théoriser une pratique du management dans la complexité, à l'appui de cette aventure exemplaire. Par ses commentaires, Alain Godard illustre en quoi son action s'est inspirée, d'une part de cet accompagnement que j'ai assuré auprès de lui et de ses équipes, d'autre part de cette conceptualisation.

Le présent ouvrage, *L'intelligence collective en action*, capitalise sur les expériences suivantes : accompagnements du changement individuels et collectifs, formation de plusieurs centaines d'agents de changement et de coachs, aventures industrielles inscrites dans la dure réalité des faits, processus d'accompagnements vécus dans la complexité, va-et-vient continuel entre la pratique et la théorie. L'aventure menée par le président d'Elis, Philippe Bernard, et par son équipe dirigeante, représente un morceau d'anthologie et un exemple du développement de l'intelligence collective. À partir de 1999, j'ai accompagné dans cette expérience cette entreprise déjà très performante (12 000 personnes, un milliard de dollars américains de chiffre d'affaires, une centaine de centres, principalement en France et en Europe). La description que nous faisons ici, Philippe Bernard et moi-même, de cet accompagnement, vise à lancer un message que l'on veut à la fois modeste, réaliste et ambitieux : *une entreprise n'a pas besoin d'une crise pour mobiliser ses acteurs, développer son intelligence collective et ainsi assurer sa pérennité et sa croissance*. L'enjeu de cette opération peut s'appliquer, selon nous, à toute entreprise déjà performante, qui peut alors *passer du stade d'une entreprise performante à celui d'une entreprise « très performante »* (peut-être dirions-nous mieux « incomparable »). Rappelons à cet égard que l'ambition des acteurs d'Elis a été formulée en ces termes : « … devenir l'entreprise la plus performante au monde dans son métier… ».

Notre ambition n'est pas de nous satisfaire d'un niveau de performance que nous pourrions déjà considérer comme satisfaisant mais, grâce à cette position, de générer une dynamique d'intelligence collective et de croissance propre à prévenir les crises toujours menaçantes.

Les propos de ce livre s'articulent autour des axes suivants :

1. Aider à comprendre l'importance de la mise en intelligence collective de l'organisation par une responsabilisation individuelle et collective des acteurs, en amont, et en filigrane de tout ce que l'on appelle habituellement le *management* (l'élaboration et la mise en œuvre de la stratégie, la reconfiguration de l'organisation, la gestion des systèmes d'information, de gestion et de ressources humaines, la gestion du changement, etc.). Dans cette perspective, le management s'inscrit davantage dans la durée que dans la résolution ponctuelle des problèmes. Plutôt que de donner des « poissons » aux acteurs, on les aide autant que possible à construire leurs « cannes à pêche ». Le management vise à développer une prise en considération des enjeux et à se rassembler en face de la brutalité des faits. Cela suppose également un processus éducatif, individuel et collectif très important pour rendre les acteurs capables d'être relativement à l'aise dans la complexité.
2. Assurer les résultats à court terme est essentiel mais ne suffit pas. Il est nécessaire d'agir dans la durée. Chercher à « récolter les œufs d'or pondus par l'organisation ne doit pas faire oublier de s'occuper de la poule » : le management, tout en cherchant la production d'« œufs d'or », doit avant tout assurer la fécondité de la poule. Le sens et la finalité de l'organisation, sa pérennité, sa croissance dans le long terme éclairent et orientent tous les processus mis en place qui, à leur tour, conditionnent les productions et les techniques matérielles ou immatérielles.

Obtenir des œufs d'or ne suffit pas : il s'agit d'assurer la fécondité de la poule à long terme.

3. Les acteurs doivent partager la reconfiguration permanente de la vision et des paramètres qui conditionnent la dynamique de l'intelligence collective de l'organisation. *Cette intégration récursive de l'humain par l'économique et de l'économique par l'humain est au centre de ce que nous appelons la « transformance »*.
4. *La transformance intègre des représentations et des actions à des niveaux de réalité différents.* Le premier niveau est celui d'une vision linéaire et *mécanique* de la réalité qui vise à traiter les symptômes et les problèmes directement ; par comparaison, on pourrait parler d'une médecine *allopathique* ou d'intervention *chirurgicale*. Le deuxième niveau, à savoir le regard sur la réalité et les interventions, situe

chaque élément dans une perspective *systémique* où chacun de ces éléments est en interaction avec tous les autres. Il s'agit donc d'assainir le système et de prendre en compte les différents processus en cause avant de vouloir supprimer un problème ; par comparaison, on pourrait parler d'une médecine qui traite plus la personne que la maladie, et d'un fonctionnement proche de *l'homéopathie* ou de *l'acupuncture*, qui aide à rendre le système capable de résoudre son problème. Le troisième niveau est celui d'un regard sur la réalité de l'organisation et de ses acteurs dans une logique – une « téléologique », ou logique des finalités et du sens – *holomorphique* (où chaque élément a la forme du tout) et dont le mode de causalité est récursif (la partie génère le tout et le tout la partie). Par comparaison en médecine, on pourrait parler d'une *thérapie « génique »*, où l'on intervient sur le code génétique – l'ADN – de l'entreprise. Il s'agit de construire du sens pour chaque cellule de l'entreprise, en l'occurrence chacune de ses « parties prenantes » (*stakeholders*). C'est le cœur de l'intelligence collective qui vise à rendre chaque acteur porteur de la vision, comme une cellule vivante est porteuse du code génétique.

Intégrer l'économique et l'humain : l'enjeu de la transformance dans la complexité.

Le management dans la complexité oblige à mettre de la cohérence en traitant les tensions et les contradictions continuelles entre tous ces niveaux qui ne peuvent être réduits l'un à l'autre et qui sont bien plus proches d'une réalité organique – toujours quelque part entre l'ordre et le désordre – que d'un fonctionnement que l'on peut contrôler absolument : nous nous trouvons *dans le domaine du vivant et de la complexité*.

5. *Organiser le développement de l'identité individuelle et collective pour les acteurs*. Toute cette démarche s'appuie sur une prise en compte par les acteurs eux-mêmes et par ceux qui les accompagnent de leur potentiel, de leurs limites, de leurs difficultés dans le processus transformationnel qu'ils sont inévitablement conduits à vivre. Ainsi, les « langoustes » – dont la carapace leur tient lieu de colonne vertébrale – doivent se transformer progressivement en « vertébrés », les « chenilles » en « papillons », les « requins » en « dauphins », etc. Chaque acteur, avec ses limites, se doit de tendre progressivement vers une identité de responsable « holomorphe ».

Toujours garder en réserve sa carapace de « langouste » (animal sans colonne vertébrale) et fonctionner principalement en tant que « vertébré » (animal sans carapace).

En conclusion des axes précédemment développés, la transformance suppose cette intégration d'une dynamique organisationnelle et d'une transformation identitaire permanentes (ou chacun est porteur du tout).

Le concept de « transformance » recouvre la reconfiguration permanente des acteurs (leurs identités et leurs positionnements), de la vision et de l'organisation, par le développement de l'intelligence collective.

PREMIÈRE PARTIE

Elis : exemple du déploiement de l'intelligence collective

Cette « success story » est celle d'une entreprise en croissance rentable permanente. C'est l'histoire d'une évolution majeure du profil de l'entreprise et de ses acteurs, en même temps qu'un modèle sur le plan du développement de l'organisation.

L'histoire de l'entreprise Elis
par Philippe Bernard

À l'origine d'Elis se trouve la Grande Blanchisserie de Pantin, fondée en 1883 par Théophile Leducq : disposant d'un réseau de plusieurs centaines de « dépôts » dans toute la région parisienne, elle assurait l'entretien du linge des particuliers. Puis au fil du temps, Théophile, qui était proche du milieu de l'hôtellerie et de la restauration, a négocié des contrats avec des hôtels et restaurants, aux termes desquels la Grande Blanchisserie assurait la mise à disposition du linge requis (sous forme de location), son entretien, la livraison et le ramassage. La location-entretien d'articles textiles était née : elle permettait aux clients ayant besoin de linge pour leur activité professionnelle de ne pas investir et d'attendre du fournisseur un service qui leur épargne tout souci.

Dans les années 1960, Jean Leducq reprend le contrôle de l'affaire familiale. Pressentant l'arrivée massive des lave-linge dans les foyers qui en étaient jusqu'alors privés, il décide d'accélérer le désengagement de l'activité de blanchissage pour particuliers et de concentrer les activités de la société exclusivement sur la location-entretien de linge et de vêtements professionnels aux collectivités publiques et privées, de toutes natures et de toutes tailles. L'offre de services textiles s'élargit aux articles d'habillement professionnels, et même aux essuie-mains en coton.

En 1967, Elis (« Europe Linge Service ») était née, pilotée par un leader charismatique et visionnaire. Depuis lors, l'entreprise a réalisé une croissance exceptionnelle et continue qui l'a hissée au rang des leaders mondiaux de sa profession, tant en termes de chiffre d'affaires que de résultats opérationnels. Aujourd'hui, Elis est de loin le leader français de la profession, et le numéro deux en Europe. En outre, la société française a également développé aux États-Unis, à partir de la Virginie, une filiale spécialisée dans l'habillement professionnel : elle a été cédée en 2002 au leader américain, après avoir connu vingt ans de croissance et gagné le cinquième rang sur le marché local.

Le métier d'Elis repose sur une obligation de résultats, et pas seulement sur une obligation de moyens, comme ce pourrait être le cas pour un blanchisseur qui lave ce qu'on lui donne, quel que soit l'état d'origine dans lequel le produit lui est confié. Dans le cas d'Elis, le client attend la réception des produits dont il a besoin à la date et à l'heure prévues, en quantité suffisante, dans les tailles adaptées et en bon état d'utilisation. Sur 135 sites, dont 70 blanchisseries industrielles, 12 000 collaborateurs se mobilisent quotidiennement au service de 250 000 clients de toutes tailles et de tous secteurs d'activité : industrie, hôtellerie, santé, restauration, commerces, administrations, collectivités... Présente dans dix pays européens, Elis réalise un chiffre d'affaires de plus de 800 millions d'euros.

Hygiène, confort, protection, image, propreté, bien-être et environnement sont les supports conceptuels, « sensoriels » et scientifiques de la gamme des services. Ces services se déclinent autour de quatre familles de produits/marchés : l'habillement professionnel (Elis habille en Europe plus d'un million de professionnels dans tous les corps de métiers), les produits d'hygiène et de bien-être (hygiène des sanitaires, protection des sols, fontaines à eau, services de café expresso), les services aux marchés de la santé, de l'hôtellerie et de la restauration, et les produits d'essuyage industriels.

Les dates clés de cette « success story »

En 1967, la marque Elis voit le jour. Cette naissance sous l'impulsion de son fondateur, Jean Leducq, va générer 38 ans de croissance exemplaire.

En janvier 1997, un LBO (*Leverage Buy Out*, reprise de l'entreprise par un fonds d'investissement avec le management) permet de poursuivre sur la voie de cette croissance rentable.

En 1999, je fais appel au cabinet de conseil Transformance. Je souhaite en effet travailler sur la mise en œuvre de l'intelligence collective de l'entreprise, non seulement *via* l'élaboration et le déploiement d'une « vision partagée », mais aussi *via* l'alignement d'un système de management (sa mise en cohérence), qui s'appuierait tout spécialement sur les entretiens d'évaluation.

Différentes étapes ont jalonné cette collaboration :

- En 1999, rencontre avec Vincent Lenhardt dans le cadre d'un séminaire ; quelques mois après, je lui propose d'intervenir chez Elis.

- Interview d'une vingtaine de personnes de l'équipe dirigeante et pilotage de la mise en œuvre d'un projet de développement de l'intelligence collective : entre février et septembre 2000, trois séminaires de deux jours avec une EDE (équipe de direction élargie) rassemblent dix-huit participants et trois niveaux hiérarchiques.
- Élaboration, pendant ces six mois, d'une vision partagée (voir la section « La vision d'entreprise chez Elis : extraits et explications de texte »).
- Durant cette même période, lancement de deux projets transverses concernant les ressources humaines (RH) et une réflexion sur la vision.
- En novembre 2000, l'équipe de direction élargie présente la vision aux quatre-vingts patrons de centres ; co-construction et ajustement de cette vision pendant deux jours à EuroDisney.
- Annonce de la mise en place d'une nouvelle grille d'entretien d'évaluation (voir « La fiche d'entretien d'évaluation annuel d'Elis »). À cette même occasion, je m'engage moi-même à être évalué sur cette grille d'évaluation.
- En janvier 2001, tenue du séminaire de l'équipe de direction pour préparer les plans d'actions à l'intérieur des centres.
- De janvier à juin 2001, déploiement de la vision dans les centres. Dans chaque centre, mise en place des plans d'actions et des nouveaux entretiens d'évaluation.
- En octobre 2002, le fonds d'investissement qui avait pris le contrôle en 1997 cède à un nouveau fonds, assurant ainsi la poursuite de la stratégie de développement avec une équipe de direction élargie.
- Elis ouvre ses marchés en France grâce à des investissements commerciaux et industriels bien supérieurs à la moyenne de la profession, et la fidélité de ses clients illustre la qualité de ses services[1].
- La stratégie de développement européen complète aujourd'hui la croissance française, faisant de la société un des acteurs clés de la consolidation inéluctable dans cette profession.

La rencontre avec Transformance

La genèse de notre rencontre remonte à un séminaire (fin 1998) qui avait eu lieu dans le cadre du Centre de Recherche d'Entreprise du monastère bénédictin de Ganagobie (près de Manosque, dans les

1. Le descriptif des activités de la société est repris à l'Annexe 2.

Alpes-de-Haute-Provence). J'animais, avec le père bénédictin dom Hugues Minguet, un séminaire pour dirigeants (« Le dirigeant responsable porteur de sens »), et Philippe Bernard était venu y assister. Nous avions juste fait connaissance ; à cette époque, nous n'avions pas encore l'idée de travailler ensemble. Il a d'ailleurs fallu un certain temps pour que nous en venions à nous rencontrer sur le plan professionnel, d'abord pour des raisons de calendrier et ensuite parce qu'il fallait que l'idée fasse son chemin intérieurement.

Les besoins identifiés pour l'intervention
par Philippe Bernard

En téléphonant à Vincent Lenhardt pour lui demander de venir me voir, j'avais en tête plusieurs objectifs – liés au rythme de croissance d'Elis, à un mélange entre l'ancienneté et la jeunesse de l'équipe de direction, et à l'évolution actuelle et potentielle de l'actionnariat de l'entreprise :

1. Impliquer plus largement l'ensemble du top management (anciens et nouveaux) dans le sentiment d'appartenance, d'*affectio societatis*, et dans la copropriété de la stratégie de développement. Sur la vingtaine de dirigeants opérationnels et fonctionnels de l'entreprise, j'ai réalisé que certains se connaissaient à peine et que cela conduisait à un cloisonnement naturel. Mot clé de ma préoccupation : comment « fluidifier » ?
2. De manière complémentaire, il s'agissait de mettre en cohérence et en cohésion une équipe de direction élargie (que l'on a très vite appelée « EDE ») autour d'une vision commune et communicable à l'intérieur et à l'extérieur de l'entreprise. La mise au point de cette vision m'apparaissait d'autant plus importante que le passage d'un actionnariat familial à un actionnariat d'investisseurs avait généré, à plusieurs niveaux, des clichés du type : « les financiers pressent le citron, il n'y a plus que cela qui compte... », et il fallait donc engager une communication active pour démontrer :
   - que la rentabilité a toujours été le moteur de la croissance de l'activité et de l'emploi, que l'actionnariat soit familial ou non ;
   - qu'il n'y a pas de croissance rentable et durable sans une raison d'être, des valeurs, des principes de management et une stratégie connue et comprise.

Je me souviens aussi avoir exprimé mon attente à Vincent Lenhardt en expliquant qu'avec la taille grandissante de l'équipe de direction, son fonctionnement risquait de ressembler à la configuration de l'aéroport de Roissy 1 : un rond central (le comité exécutif, les « anciens ») dans lequel chaque occupant est responsable de son propre « satellite », autour duquel s'agglutine sa technostructure. Comme les satellites ne sont pas reliés entre eux, ils ont une tendance naturelle à s'ignorer, et éventuellement à grossir sans coordination ni synergie. Cette disposition physique a d'ailleurs été complètement abandonnée par les concepteurs d'aéroports d'aujourd'hui.

J'avais le sentiment que toutes ces préoccupations n'existaient alors que pour moi, puisqu'en tant qu'individus, tous les membres de l'état-major travaillaient avec enthousiasme dans un contexte de croissance rentable et d'internationalisation de l'entreprise. C'est en cela que ma démarche ne paraissait pas évidente, sachant que l'essentiel de l'activité des consultants en management est généré par des situations de ruptures (fusions, acquisitions) ou de crises, et nous n'étions dans aucun de ces cas.

C'est dans ce contexte que Transformance m'a proposé de nous mettre « au vert » pendant deux jours, avec pour premier objectif d'interroger chacun sur sa perception d'Elis. Bien que les participants se soient d'abord demandé ce que « le patron avait derrière la tête », chacun a joué pleinement le jeu et le résultat a parfaitement illustré mes perceptions : la vision d'Elis ressemblait à un inventaire à la Prévert, sans contradiction mais avec une forte dispersion, les uns et les autres voyant légitimement la réalité par la lorgnette de leurs fonctions respectives.

L'évidence s'imposait et chacun a pu toucher du doigt le manque d'homogénéité de notre perception et la nécessité d'y remédier au sein d'une équipe de top management de dix-huit personnes ! Le processus de construction d'une intelligence collective *via* l'élaboration d'une « vision partagée » était engagé.

Comment « fluidifier » l'entreprise ? Une réponse : la transformance, processus intégratif du développement de l'intelligence collective.

L'approche proposée par Transformance

Une alliance forte s'est rapidement forgée entre Philippe et moi, non seulement parce que Philippe était venu à Ganagobie, ce qui témoignait de la présence entre nous d'un socle commun de valeurs, mais aussi du fait d'une culture et d'une anthropologie partagées de l'entreprise.

Le modèle d'intervention était assez simple. Je reformulerais volontiers la demande de Philippe comme suit : « Aide-moi à fluidifier mon entreprise. Elle est encore dans une culture très hiérarchique, un peu rigide et assez cloisonnée, et je la voudrais souple, et fonctionnant en intelligence collective. Jusqu'à présent, elle a fonctionné comme une grosse PME et je voudrais qu'elle se modernise, qu'elle accepte la complexité dans laquelle elle navigue, que les acteurs sortent des logiques de clans... »

Le travail sur la vision a été principalement mené avec une équipe de direction élargie (EDE). C'était, d'une certaine façon, une déclinaison de ce que j'avais vécu avec Alain Godard[1]. À travers ces dix-huit personnes sélectionnées par Philippe, il s'agissait, de façon holomorphique[2], de convoquer toute l'entreprise. Ces personnes représentaient en effet l'ensemble de l'entreprise dans la mesure où il existait au moins trois, voire quatre niveaux hiérarchiques : le président, deux directeurs généraux, les chefs de services fonctionnels et les directeurs régionaux, dont certains manageaient jusqu'à 2 500 personnes malgré leur évidente jeunesse (trente-cinq ans).

Or ces personnes n'avaient jamais réellement travaillé en équipe ! Il s'agissait donc de mener trois opérations :

- Démarrer par un séminaire, constituant une première étape, qui visait la création d'une *enveloppe culturelle commune*. Les gens ne se connaissant pas, le processus d'inclusion devait s'organiser pour que le groupe ait quelques chances de se constituer au-delà de la juxtaposition des personnes qui le formaient.
- Amorcer un processus d'élaboration d'une *vision commune* avec une réflexion sur la vocation, l'ambition, les valeurs, les principes de management, voire les priorités stratégiques.

Au cœur du développement de l'intelligence collective : le travail sur une vision partagée.

- Lancer *deux projets transverses* pour amener les acteurs à travailler ensemble opérationnellement dans la durée, au-delà du travail mené dans les séminaires animés par Transformance. Le tout dans un esprit de construction commune progressivement forgé par une « stratégie du chemin faisant ». Ces projets transverses focalisaient sur les outils du système RH.

1. Voir A. Godard et V. Lenhardt, *op. cit.*
2. En traitant la partie, on aborde le tout car, selon le principe de l'holomorphisme, « le tout est dans la partie » (*holos*, le tout, *morphos*, la forme).

La « stratégie du chemin faisant » avait le mérite de concilier la réalité d'une logique d'émergence avec le pragmatisme et la prudence de Philippe. Cette démarche me convenait aussi puisqu'elle correspondait à ma conviction qu'il convient d'avoir une approche constructiviste plutôt que de planification et de cible.

En termes de méthodologie, j'ai insisté sur l'importance d'adopter une démarche globale qui ne focalise pas uniquement sur l'élaboration d'une vision, avec quelques exercices de team-building, mais qui inclue le déploiement de la vision, l'alignement, l'exemplarité et les accompagnements (individuels et collectifs). Nous reviendrons dans cet ouvrage sur la méthodologie (voir la section « Ce qui rend une équipe de direction "visionnaire" »). J'ai obtenu l'accord de Philippe sur cette méthodologie. Cet accord s'est peu à peu élaboré, notamment sur le point précis de l'exemplarité, essentiel pour qu'une opération de mise en intelligence collective de l'entreprise réussisse. L'accord a été le résultat d'un chemin pour Philippe. Il ne s'agissait pas d'un accord décrété (avec tous les dangers que cela aurait pu représenter), mais bien d'une construction progressive.

Notre métier est de rendre la grenouille bondissante.

Nous pouvons récapituler la demande de Philippe en reprenant l'image de Peter Senge : il s'agissait de rendre « la grenouille bondissante[1] ». L'intervention visait un accompagnement global :

- coaching de Philippe Bernard en tant que président ;
- élaboration d'une vision qui se déploie aux six niveaux logiques tels que définis plus bas (voir Figure 2.2 page 41, « Les six niveaux logiques d'une vision dans l'espace de l'imaginaire collectif ») ;
- méthodologie de mise en œuvre complète au travers des cinq éléments tels que définis dans la section consacrée à la méthodologie (voir la partie intitulée « Élaboration de la vision ») ;

1. Senge, P., *La cinquième discipline – L'art et la manière des Organisations qui apprennent*, First Éditions, 1992. Si l'on place une grenouille dans une casserole d'eau très chaude, il y a de grandes chances pour que cette grenouille saute immédiatement hors de la casserole. Mais si l'on installe la grenouille dans une casserole d'eau froide, dont on fait monter progressivement la température, la grenouille ne bougera pas : elle s'endormira et finira par être complètement cuite sans chercher à sortir de la casserole. Cette métaphore convient à toute entreprise qui ne percevrait pas à temps les signaux légers provenant de l'extérieur ou de l'intérieur, qui annoncent la nécessité des changements majeurs à mettre en œuvre.

- travail sur les systèmes de management RH, notamment sur ce qui touche les outils d'entretien d'évaluation et les rémunérations (voir les sections consacrées à la grille d'évaluation de General Electric et aux enjeux de l'entretien d'évaluation, dans la partie « L'entretien d'évaluation »).

La particularité de cette opération tient à ce que Philippe avait mené son propre changement tant sur le plan du développement personnel que du travail thérapeutique avant d'entreprendre la mise en œuvre d'une vision au sein de son entreprise (pour plus de détails sur le travail de construction identitaire du dirigeant, se reporter à la section consacrée à l'identité du dirigeant, dans la partie « Le développement identitaire des acteurs »). Ses enjeux étaient :

- De communiquer vers la base une vision élaborée avec le comité de direction élargi (dix-huit personnes) dans une logique descendante (*top-down*).
- De s'assurer que tous les niveaux hiérarchiques seraient investis dans la démarche.
- D'amener les cinq DRH régionaux à devenir les agents du changement local. En effet, si les opérationnels étaient enclins à rentrer dans la démarche, il convenait de s'assurer que les fonctionnels soutenaient le processus.

Les résultats de l'opération
par Philippe Bernard

Les résultats qualitatifs

Les résultats qualitatifs ont été probants : la vision « qualitative » est devenue le support naturel, partagé par tous, des objectifs quantitatifs. Ces résultats se déclinent en quatre points principaux :

1. La *mobilisation* des acteurs a transformé le « Top dix-huit » en une équipe de direction élargie (EDE), puis en « Top 100 » (rassemblant les centres de profits et les vingt membres de l'EDE). La vision est le moteur de l'action et de la communication interne et externe.
2. La *création d'une vision commune* a été suivie d'un déploiement de cette vision dans l'ensemble de l'entreprise. Rappelons rapidement qu'une vision se doit d'aborder six niveaux logiques afin « d'avoir du souffle » et de contribuer à nourrir les rêves des acteurs.

3. Lors de l'élaboration de la vision, les *plans d'actions* à décliner par centre de profit ont été laissés à la discrétion de chacune des unités, du fait de leurs spécificités. En effet, on pense d'abord « local » mais on reste dans la logique du « global ». Les autres niveaux logiques ont été réalisés avec le Top 100.
4. En dehors même de l'entreprise, *la vision partagée a servi de colonne vertébrale à la communication* en direction des investisseurs potentiels en 2002. Elle est l'expression qualitative et culturelle des business plans proposés par le management.

Les résultats quantitatifs

Les résultats quantitatifs ne se mesurent pas directement en espèces sonnantes et trébuchantes. Mais je crois sincèrement que la démarche a créé du capital immatériel :

- Un management plus fluide, appliquant, dans toutes les opérations, une vision commune aux directions fonctionnelles de l'entreprise et partagée par plusieurs classes d'âges, entraîne incontestablement un gain de temps et facilite la communication. Les finalités étant clarifiées, partagées et appropriées par les acteurs, leur action peut se centrer sur la mise en œuvre et sur la recherche d'une meilleure efficacité opérationnelle.
- La construction d'un « alignement » autour d'une « vision » est en outre un facteur qui réduit les degrés d'incertitude.
- L'être humain a horreur de l'incertitude, génératrice d'angoisse et de stress. Savoir où l'on va, avec quelles valeurs et quelle ambition, est une forme de sécurité même si les objectifs à atteindre impliquent des phases de changements importants.
- La mesure des résultats, c'est aussi celle qui est suggérée par Robert Kaplan et David Norton dans leur ouvrage de référence, *The Balance Score Card*[1].

Au moment où j'ai pris l'initiative de construire ensemble notre vision, moins de dix personnes étaient capables de la formaliser à peu près convenablement. Aujourd'hui, l'ensemble du management opérationnel et fonctionnel a été impliqué dans le déploiement de cette vision, ce qui représente environ cent vingt personnes. La grande majorité des cadres a des objectifs individuels qui se rattachent à tout

1. Kaplan, R. et Norton, R., *The Balance Score Card*, Harvard Business School Press, 1996. Version française : *Le tableau de bord prospectif*, Éditions d'Organisation, 2003.

ou partie de la vision, notamment *via* les plans d'actions locaux. L'enjeu permanent est de conserver ce niveau d'implication des responsables malgré la mobilité professionnelle ; « diriger, c'est répéter » dit-on parfois, et nous nous trouvons bien dans cette démarche de communication répétitive, qui pour être répétitive n'est pas pour autant figée. Voilà ce qu'est l'intelligence collective, enjeu de base de toutes les actions, qui n'a de sens que dans la durée.

J'ai pu mesurer récemment le risque de dilution de cette intelligence collective, en réunissant pendant une demi-journée une douzaine de directeurs opérationnels de centres de profits qui avaient moins de deux ans dans la fonction. Interrogés sur leur appropriation de la vision de l'entreprise, leurs réponses étaient variées, depuis « vous m'en avez parlé au cours de mon entretien de recrutement », « mon directeur régional me l'a commentée », « je l'ai découverte dans mon centre avec mes cadres », à « je ne connais pas »…

Enfin, notre démarche met en œuvre au moins trois des composantes du non moins célèbre et remarquable modèle de l'EFQM (European Foundation for Quality Management), à savoir :

- « le leadership et la constance des objectifs ;
- le management par les processus et les faits ;
- le développement de l'implication des personnes. »

Des résultats qualitatifs et quantitatifs : mobilisation des acteurs grâce à une vision partagée, déployée et suivie de cohérence et d'adhésion.

Les étapes du déploiement

Premiers séminaires

Le déploiement s'est déroulé dans le temps, comme l'illustrent les figures 1.1 et 1.2. J'avais en tête de créer l'hologramme de l'intervention dès le premier séminaire. Dans une logique systémique, si la démarche avec l'équipe de direction élargie fonctionnait, je savais qu'il serait toujours possible de la dupliquer dans l'entreprise. Nous avons donc mené ce séminaire initial en pensant « vision », « régulation », « inclusion » et « travail sur les RH ».

Pour veiller à un ajustement permanent en intelligence de situation : coaching et copilotage.

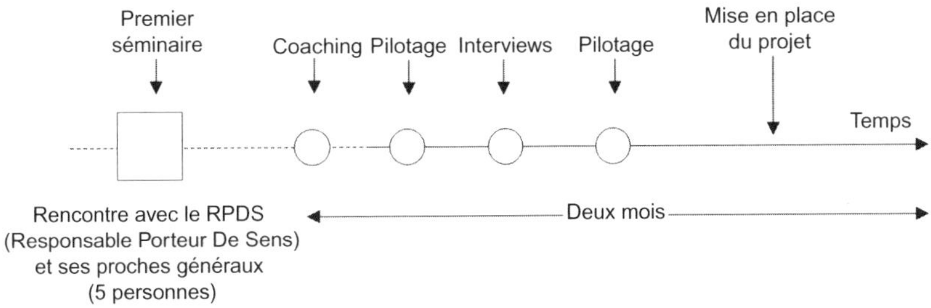

1.1 Déploiement de l'opération dans le temps et l'espace (1/2)

Utilisation de l'espace

Pour illustrer notre propos, précisons que nous avions organisé l'espace de la salle sans tables. À leur arrivée dans la salle, les dix-huit personnes ont été très surprises de cette absence ; elles se sont assises les unes à côté des autres sur des chaises alors qu'elles ne s'étaient jamais véritablement rencontrées dans cette configuration : nombre de ces personnes ne se connaissaient guère que par leurs noms. Philippe Bernard, en tant que président, a joué le jeu de s'exposer dans cette situation tout en indiquant très clairement la direction et la politique mais, dans le même temps, en laissant un grand espace libre de parole. Il m'avait donné l'entière responsabilité de la gestion du processus d'inclusion et du partage des représentations de chacun, ainsi que de l'animation de quelques exercices amusants. Le tout était assez convivial, quand bien même les participants étaient perplexes.

Philippe a assumé pleinement le rôle de « responsable porteur de sens » ; il a su dire ce qu'il voulait et où il souhaitait que nous allions – ce qui a d'ailleurs créé les conditions d'un confort et d'une sécurité pour le groupe, malgré le climat d'étonnement général. Il a su, du fait de sa « sécurité ontologique », lâcher complètement prise sur la façon de s'impliquer (en fonction du processus que je proposais). Par exemple, il a su indiquer le cadre politique de la vision – à savoir qu'il s'agissait d'une orientation résolument opérationnelle – (« responsable donneur d'ordre »), et aussitôt après se positionner en simple participant. Sa gestion du curseur entre les deux extrêmes (responsable donneur d'ordre d'un côté et responsable porteur de sens de l'autre) a été exemplaire.

Dans l'action collective (séminaires et réunions, décisions, actions opérationnelles...), deux éléments déterminants : l'identité et le positionnement du dirigeant.

Les séminaires suivants se sont succédé et la vision s'est ainsi progressivement co-élaborée avec l'ensemble des acteurs. Cette vision est tout à fait remarquable. Elle est présentée dans la dernière section de la partie intitulée « La vision ».

Portée de l'intervention

« Ma motivation initiale portait principalement sur la mise en cohésion et en cohérence de l'équipe de direction élargie. Cela n'allait pas plus loin. Mon ambition se limitait à ce groupe de dix-huit personnes. Mais les répercussions ont été au-delà de mes espérances : ces dix-huit personnes, après avoir vécu les premiers séminaires, ont fait part de leur enthousiasme et proposé de dupliquer l'approche à tous les échelons de l'entreprise, en faisant travailler de la même façon les quatre-vingts directeurs de sites de production... »

Du travail du « Top 18 » à la déclinaison avec le « Top 100 »

La rencontre avec le Top 100 correspondait donc déjà à un aboutissement ! Elle a d'ailleurs donné lieu à la réalisation d'un film Elis, produit à l'initiative de la direction de l'entreprise afin de communiquer, jusqu'aux niveaux hiérarchiques les plus bas, sur la vision et sur la façon dont elle a été forgée par le Top 100.

Lors du séminaire réunissant les cent responsables de centres de profit, après le mot de Philippe Bernard et une présentation de l'intelligence collective par Vincent Lenhardt, les dix-huit personnes du comité de direction ont témoigné deux par deux de la façon dont le processus d'intelligence collective s'était mis en place dans l'entreprise : culture du débat, élaboration collective, etc.

Ensuite, de petites commissions (groupes de travail) ont été constituées de façon holomorphique avec les cent managers. L'objectif était qu'elles travaillent en atelier, pendant une journée et demie, sur la façon de décliner la vision aux niveaux logiques inférieurs, et sur les plans d'actions à mettre en œuvre.

Le film a été monté en faisant un mix de ces éléments, depuis la vision jusqu'à la construction des plans d'actions.

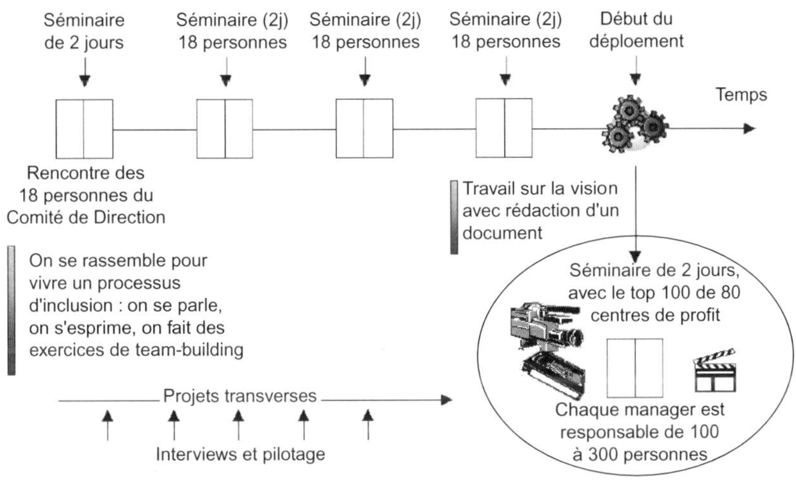

1.2 Déploiement de l'opération dans le temps et l'espace (2/2)

Dès le discours de Philippe Bernard, les cent participants ont été informés du processus d'alignement avec le travail sur la grille d'évaluation à l'image de la grille élaborée par General Electric. (Pour plus de détails sur cette grille, voir, dans la partie « L'entretien d'évaluation », la section consacrée à la grille d'évaluation de General Electric, à laquelle succède par ailleurs la présentation de la fiche d'entretien d'évaluation élaborée par Elis.) À l'issue de ce séminaire avec le Top 100, le déploiement de la vision a débuté : ce n'était plus le Top 18 qui l'exposait localement, mais bien chaque directeur ayant assisté au séminaire des Top 100 qui exposait à son tour, au sein de petits groupes, la nature de la vision et, surtout, le processus de construction qui avait été suivi.

Qu'est-ce qu'un bon chef ?

Lors de l'un de nos séminaires, Vincent a demandé à chacun (en ma présence !) de dire ce qu'était pour lui un « bon chef ». Évidemment, de multiples qualités, tant du domaine du savoir-faire que du savoir-être, ont été mises en avant, dans le désordre, toutes les réponses étant naturellement bonnes.

C'est alors qu'est venue cette idée « d'oser dire ses peurs et ses besoins » en renonçant à avoir raison *a priori*. Le propos peut paraître angélique et, pris au premier degré, il l'est à mes yeux ; après tout, diriger, c'est exprimer sa confiance, la communiquer, la diffuser et précisément ne pas dire ses peurs. Je crois donc qu'il faut placer ce propos dans le cadre strict d'une équipe de direction restreinte, avec laquelle existe déjà un certain degré de confiance. Mais le processus ressemble quelque peu à l'histoire de la poule et de l'œuf : est-ce la confiance déjà présente qui permet à chacun de dire ses peurs et ses besoins ou est-ce l'inverse ? Je crois donc que cette idée, fort intéressante car tout dirigeant ressent des peurs et parfois des angoisses, doit être prise en compte mais sans pondération excessive : le « groupe performant » n'est pas le thérapeute du dirigeant.

Sur un autre plan, un danger guette tout groupe « qui a été performant » et qui croit encore l'être : c'est la complaisance, celle qui laisse faire le « bon chef », celle qui évite les conflits, pratique le compromis ou le laisser-faire. Ce danger est sournois ; il se propage lentement, peut faire illusion longtemps et il faut régulièrement s'en prémunir[1].

Le rôle du coach dans une telle opération

Le déploiement nécessite généralement six mois de travail avec une « équipe de direction élargie » : l'EDE, qui représente un hologramme de l'entreprise. Ce travail combine deux projets transverses : l'élaboration d'une vision dans la durée et un projet sur les ressources humaines. Les acteurs découvrent un nouveau mode de fonctionnement

1. Ce positionnement du dirigeant est toujours complexe : il dépend de la maturité des acteurs et de la situation (voir les propos sur le dirigeant ressource et le concept du curseur, au chapitre « Le développement identitaire des acteurs »).

entre eux, celui de l'intelligence collective où tout le monde a la parole :

- Le président se positionne en dirigeant ressource et porteur de sens.
- Le consultant coach n'a pas la solution toute faite ; il crée les conditions où les acteurs construisent ensemble une vision et une nouvelle façon de fonctionner.

Le dirigeant et son coach font du « beach-volley » avec l'équipe ou les équipes accompagnées : tantôt le coach fait une passe et c'est le dirigeant qui « smashe » (pour les décisions ou pour une parole institutionnelle) ; tantôt le dirigeant passe la « balle » et le coach « smashe » à son tour (gestion du processus, apport d'une idée ou d'une méthode nouvelle, abord des sujets qui fâchent, confrontation des acteurs...).

Pour Transformance, il s'agissait d'abord :

- d'être une interface entre toutes les parties prenantes ;
- de faire travailler les acteurs en vue du bien commun.

Plus spécifiquement, les tâches qui continuent d'être accomplies ont consisté :

- À concevoir la vision et à la déployer dans les unités opérationnelles.

En un travail d'alignement avec un changement culturel, notamment en matière d'outils RH, à travers l'entretien d'évaluation reconfiguré dans une logique systémique. Or ce changement culturel de l'entreprise implique un changement identitaire de chaque cadre, en ce qu'il devient porteur de la vision et des valeurs de l'entreprise. Pour plus de détails sur la reconfiguration de l'entretien d'évaluation, se reporter à la partie « L'entretien d'évaluation ».

Vocabulaire de l'intelligence collective

Rappelons ce que nous entendons par intelligence collective : c'est « une dynamique d'acteurs coresponsables interconnectés culturellement (*soft*) et organisationnellement (*hard*), en alliance autour de visions partagées. »

L'intelligence collective est une dynamique d'acteurs coresponsables interconnectés culturellement (soft) et organisationnellement (hard), en alliance autour de visions partagées.

Indiquons ce qui nous paraît essentiel pour chacun des termes employés :

- **Dynamique :** processus en mouvement permanent que l'on ne peut arrêter ou représenter dans un schéma figé ; il est à l'origine de nombreuses frustrations et situations d'inconfort qui soulèvent bien des réticences.
- **Acteurs :** il convient de sortir les personnes d'une logique d'obéissance qui soit seulement passive, active ou réactive, et d'amener progressivement chaque membre de l'organisation à devenir « proactif ».
- **Coresponsables :** il y a loin du processus de libération et de promotion des droits de la personne à la logique de la responsabilité et de l'intériorisation libre des enjeux et des devoirs. Victor Frankl, le grand thérapeute d'origine viennoise, disait, en parlant aux Américains, qu'il y avait un continent à traverser : à l'est des États-Unis se trouvait la statue de la Liberté, mais il restait à traverser le pays et bâtir à l'ouest la statue de la Responsabilité.
- **Interconnectés :** il s'agit de relier ces acteurs entre eux ; la collectivité d'individus se transforme en une communauté qui évolue pour atteindre le stade d'une équipe performante animée d'un esprit commun.
- ***Soft* :** c'est le changement et l'accord des systèmes de représentation des acteurs. Parlent-ils un langage commun ? Ont-ils la même « enveloppe culturelle », faite d'objectifs, de valeurs, de compétences, de langages, d'expérience et de convivialité ?
- ***Hard* :** il s'agit de la mise en cohérence des systèmes de management (recrutement, organigrammes, rémunérations, systèmes d'information et de contrôle, etc.), ainsi que des moyens de communication (messagerie électronique, etc.).
- **Alliance :** nous pensons à l'accord rationnel et irrationnel entre les parties qui assument leurs différences et vivent une fidélité dans la relation. Cela leur permet de maintenir un cheminement commun malgré les contradictions, les souffrances et les frustrations.
- **Vision partagée :** c'est l'accord sur les finalités et les enjeux qui seul permet la conduite des systèmes complexes et donne sens aux mouvements et aux deuils à vivre à chaque étape du changement.

La mise en œuvre de l'intelligence collective constitue un changement majeur pour toute entreprise. Pour réussir ce changement, il faut éviter de ranger la réflexion et l'élaboration stratégiques d'un côté et, de l'autre, la démultiplication de la stratégie dans l'entreprise. Il s'agit d'unifier dans une même dynamique cette réflexion et la mobilisation de tous les acteurs autour d'un travail sur la vision et sur les « macrocompétences ». Cela leur permet de s'approprier les enjeux en se responsabilisant et en devenant ainsi tous des acteurs stratégiques.

En résumé, il s'agit d'amener les acteurs à passer de la logique de l'obéissance à celle de la coresponsabilité (voir Figure 1.3).

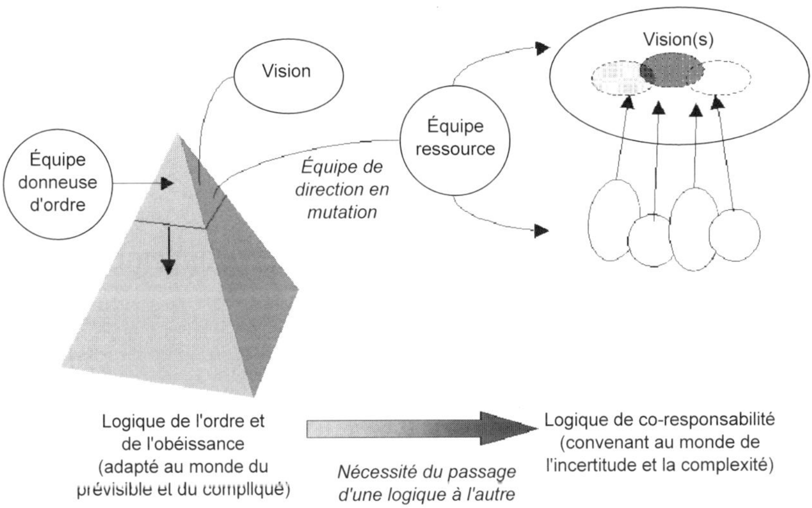

1.3 De la logique de l'ordre et de l'obéissance à celle de la coresponsabilité

Disposer d'une approche intégrée alliant coaching, team-building et mise en œuvre de processus apprenants permet de développer l'intelligence collective, elle-même moteur du changement (voir Figure 1.4).

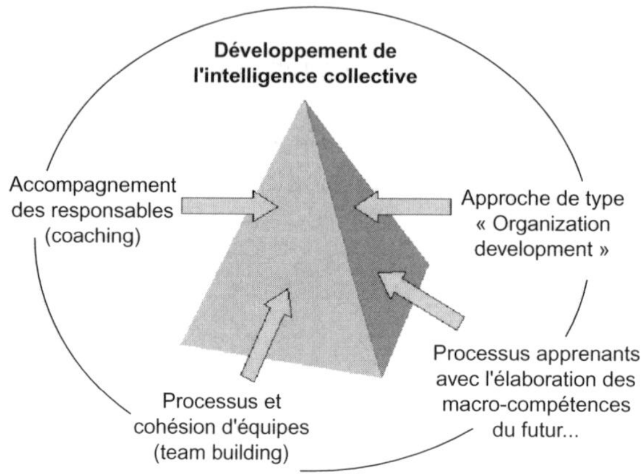

1.4 Approche intégrée pour le développement de l'intelligence collective

L'intervention auprès d'Elis visait donc la mise en place de la deuxième courbe d'Handy[1] (voir Figure 1.5), en évitant les changements brutaux, leurs cohortes de plans sociaux, etc.

Il s'agissait donc de passer d'une courbe de performance à une deuxième courbe d'excellence, en assurant le lissage entre les deux courbes, et d'entrer dans la logique de la deuxième courbe, celle du « mieux que bien ».

1. Cf. A. Godard et V. Lenhardt, *op. cit.*, page 121.

Lorsque l'on atteint le point C de la première courbe, la grenouille est déjà presque cuite (selon l'image de Peter Senge). La mise en intelligence collective, condition du renouvellement permanent, aurait dû se mettre en place au début de la deuxième courbe, au point A.

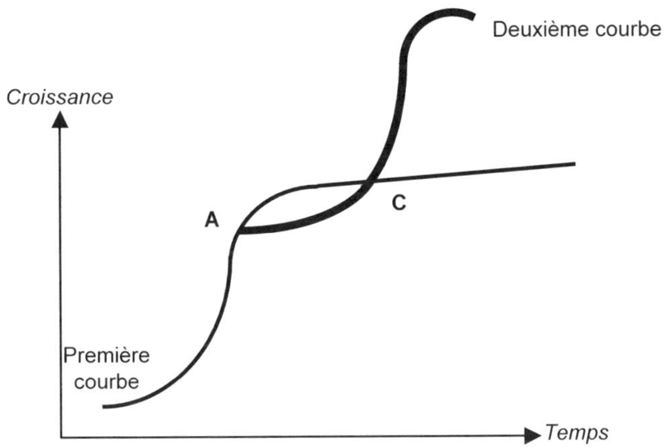

1.5 La deuxième courbe d'Handy

DEUXIÈME PARTIE

La vision

Qu'est-ce que la vision d'une entreprise ?

Un enjeu important

Faire face aux mutations actuelles profondes dans la façon de travailler (aménagement et réduction du temps de travail, modifications technologiques, transformations des attentes des personnels vis-à-vis de leur organisation, réimplantations, fusions, etc.) suppose que l'on prenne en compte, simultanément et en cohérence, les trois composantes suivantes :

- l'organisation (processus, procédures, postes de travail) ;
- les hommes (la culture interne de l'entreprise, le mode de management, les circuits de communication) ;
- la vision de l'entreprise.

L'organisation souffre parfois de l'absence d'une vision claire de son métier et de sa vocation fondamentale qui donne sens à son action. Cette absence de clarté peut procéder soit d'une vision et d'une vocation dont l'élaboration fait défaut, soit de contraintes trop fortes qui ont induit une dissolution de celles-ci. Or, pour être en mesure de traverser le contexte économique actuel, caractérisé par l'incertitude et la complexité, travailler sur le sens est un préalable fondamental. Le travail de développement de la vision s'inscrit dans un « méta-système » constitué par l'intelligence collective, comme l'illustre le schéma présenté à la Figure 2.1.

Les niveaux logiques de la vision

La vision n'est pas un état figé, une image à mettre dans un cadre puis à oublier. C'est une dynamique de progrès.

Les chiffres ne « font » jamais en eux-mêmes une vision : la vision est un rêve individuel et collectif qui transcende les chiffres.

Pour décrire une *vision d'entreprise*, on utilise six niveaux différents d'abstraction (voir Figure 2.2), lesquels n'ont pas la même valeur et correspondent soit à un niveau spatial, soit à un niveau temporel. Ces niveaux sont évalués sur un spectre qui s'étend de l'action (le niveau le plus opérationnel, très circonscrit dans le temps) aux enjeux (le niveau le plus intemporel et immatériel). La vision aura le double rôle de nourrir l'imaginaire collectif dans l'espace, et l'action collective dans le temps.

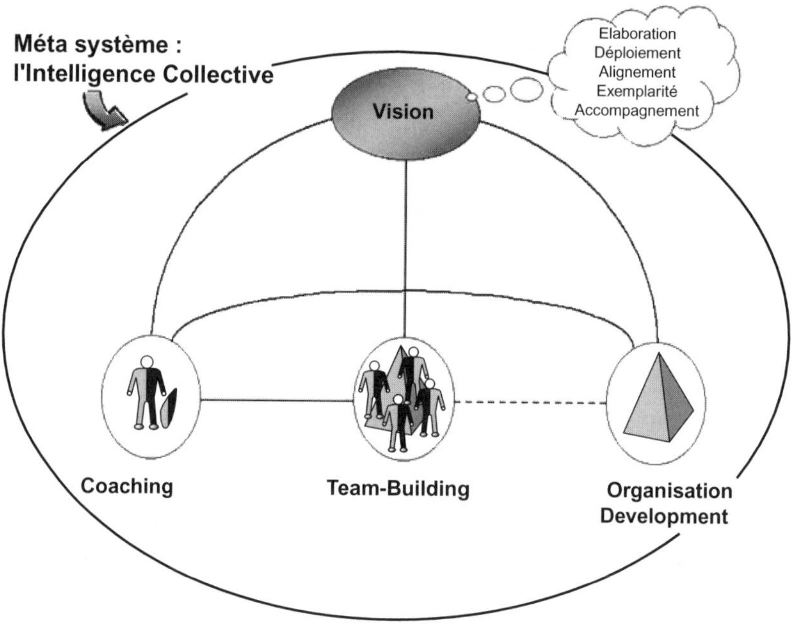

2.1 La place de la vision dans l'intelligence collective

La vision est un ensemble de paramètres dont la stratégie ne représente qu'une partie.

D'une façon spécifique, rappelons le sens des différents niveaux logiques :

La vocation : c'est la raison d'être de l'entreprise. Elle correspond à un niveau assez intemporel ; on peut la faire émerger en répondant à la question « Que manquerait-il au monde si nous n'étions pas là ? ». La vocation est présente dans l'espace de l'imaginaire collectif de l'entreprise. La raison d'être de la NASA, par exemple, est de « conquérir l'espace pour les États-Unis ».

2.2 Les six niveaux logiques d'une vision dans l'espace de l'imaginaire collectif

L'ambition : c'est le défi dans le temps. L'ambition s'inscrit dans une durée qui s'étend de cinq à vingt ans. Il existe deux types d'ambition :

- *L'ambition volontariste* (ou l'ambition *bravado* qu'évoque Collins dans son ouvrage *Good to Great*[1]). Elle est généralement très empreinte d'éléments d'ordre pulsionnel et du narcissisme des acteurs.
- *L'ambition définie par le concept de « hérisson*[2] *»* (*hedgehog concept*) tel que le présente Collins dans *Good to Great*. La question est de savoir « en quoi je suis le meilleur au monde » (*core competencies*), quelle est ma passion (ou « Ce que je fais relève-t-il d'une véritable passion ? »), et enfin à quel point mon activité est porteuse de valeur, rentable (dans une logique d'espérance de gain, et non uniquement dans le gain actuel).

1. Collins, J. C., *Good to Great*, HarperBusiness, 2001 ; traduit en français par *De la performance à l'excellence*, Village Mondial, 2003.
2. Dans son concept de « hérisson », Collins entend le succès comme la conjonction de trois facteurs : la passion de l'entreprise pour son domaine (qui correspond au désir), la rentabilité qu'elle sait générer (c'est la création de valeur) et l'avantage compétitif (être le meilleur au monde dans son domaine).

Les valeurs : il ne s'agit pas simplement de valeurs éthiques, car elles concernent aussi l'organisation et la culture d'entreprise. Les valeurs s'inscrivent dans une durée d'une dizaine d'années. Les valeurs telles qu'elles sont définies par Collins et Porras dans leur ouvrage *Built to last*[1] correspondent aux grands choix qui ne doivent pas changer et qui ne sont pas d'ordre opérationnel. On retrouve donc trois types de valeurs : organisationnelles, culturelles et éthiques[2].

Valeurs organisationnelles. On s'appuiera ici sur les « 7 S » de McKinsey[3], à savoir Strategy, Structure, Systems, Staff, Style, Skills et Superordinate goals : stratégie, structure, systèmes, personnel, style, savoir-faire (qui comprend notamment le mode de décision) et valeurs suprêmes. Toute option prise dans le cadre de chacun de ces sept pôles est génératrice de valeurs. Nous rappelons dans le Tableau 2.1 quelques points sur le modèle des 7 S, utilisé pour faire émerger les valeurs organisationnelles.

- *Valeurs culturelles ou transculturelles*. Ce sont les valeurs issues du contexte géopolitique du pays dans lequel on se trouve, mais aussi les valeurs sociétales : celles propres à l'entreprise et qui sont au moins aussi prégnantes que les valeurs du pays. Par exemple, on trouvera dans certaines entreprises des valeurs transnationales qui dépassent largement celles du pays : deux personnes de la même société dans deux pays différents peuvent ainsi être plus proches que deux personnes de même nationalité.
- *Valeurs éthiques*. Il s'agit des choix moraux vis-à-vis de questions telles que le respect des personnes, l'intégrité, le bien commun. Les entreprises peuvent travailler pour les actionnaires, le personnel, l'ensemble des acteurs en lien avec l'entreprise (personnel, fournisseurs, clients, etc.), le bien commun national et/ou mondial, les plus pauvres (positionnement éthique), etc.

Les principes de management : ils doivent être revisités à la lumière de la vocation, de l'ambition et des valeurs. C'est la cohérence qui existe avec les niveaux supérieurs qui favorisera les comportements

1. Collins, J. C. et Porras, J. L., *Built to Last – Successful Habits of Visionary Companies*, HarperCollins Publishers, 1994. En français : *Bâties pour durer – Les entreprises visionnaires ont-elles un secret ?*, First, 1996.
2. Il est important de distinguer réflexion éthique et réflexion morale : la morale est un positionnement par rapport à des valeurs. L'éthique correspond à un questionnement permanent, en situation, sur les valeurs et les choix à faire.
3. On lira avec intérêt le livre d'A. G. Athos et R. T. Pascale sur le modèle des 7 S : *Le management est-il un art japonais ?*, Éditions d'Organisation, 1984.

de prise d'autonomie dans l'entreprise et, progressivement, la prise de conscience que le contrôle n'est plus nécessaire. L'alignement des principes de management sera en effet primordial dans le travail de déploiement de la vision. Les principes de management s'inscrivent dans une durée d'environ cinq ans.

Les priorités stratégiques : conduire une entreprise implique de faire des choix. Ainsi, l'allocation de ressources à tel ou tel axe de développement relève de choix et priorités stratégiques. De telles priorités s'étendent généralement sur une à deux années.

Les plans d'actions : les plans d'actions sont connus pour être éphémères, fugitifs. Ils répondent à la question « Que fait-on et quelle est la manière la plus opérationnelle de s'y prendre ? ».

Tableau 2.1 Récapitulatif des « 7 S » de McKinsey

Termes connus de tous	Stratégie	Plan ou ligne de conduite permettant la répartition des ressources de l'entreprise dans le temps afin d'atteindre des objectifs déterminés.
	Structure	Caractérise l'organisation de l'entreprise : organigramme, lignes opérationnelles et fonctionnelles, centralisation/ décentralisation, etc.
Cadre formel de l'entreprise	Systèmes	Procédures : en matière de gestion, d'information des modes de fonctionnement et de RH.
Éléments informels (souvent considérés comme des éléments sans importance)	Staff (personnel)	Description démographique des catégories principales de personnels de l'entreprise (ingénieurs, techniciens, agents de maîtrise, etc.).
	Style	Caractéristique du comportement des dirigeants dans la poursuite des objectifs de l'entreprise. Style culturel de l'entreprise, modes de décision, success stories, etc.
	Skills (savoir-faire)	Qualités qui définissent le savoir-fairc particulier et les compétences clés.
	Superordinate Goals (valeurs suprêmes)	Principes suprêmes d'une organisation.

Ce qui rend une équipe de direction « visionnaire »

Le yo-yo managérial

Une entreprise est porteuse de stabilité pour son personnel et pour sa survie si l'équipe de direction, et conséquemment tous les niveaux hiérarchiques, sont en mesure de jouer du « yo-yo managérial », c'est-à-dire si cette entreprise sait parler et agir aux différents niveaux d'*ordre* de la vision, et en conscience (voir Figure 2.3).

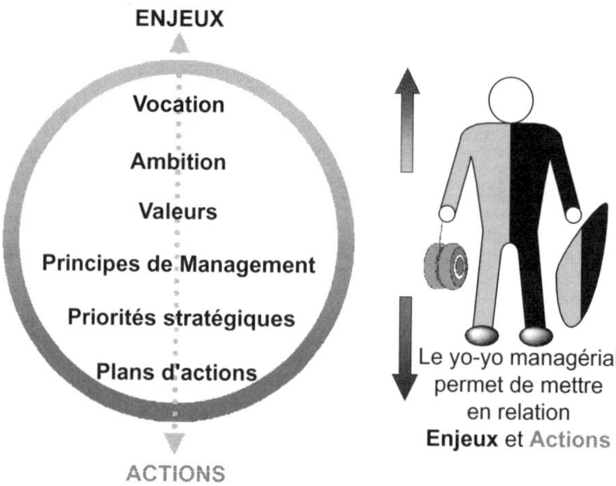

2.3 Le yo-yo managérial entre niveaux logiques de la vision

Ce n'est pas le cerveau gauche (analytique) qui, seul, a la « vision ». C'est le cerveau droit (analogique) qui, seul, rêve ! Une équipe visionnaire est une équipe dont chacun des membres peut mettre toute action en cohérence avec ses enjeux. Inversement, cette équipe sait aussi comment prendre en compte un enjeu et le traduire en termes d'action ou, si l'on s'appuie sur une image, trouver sa place à chaque pierre de la cathédrale.

Là encore, le yo-yo managérial est une pratique qui requiert un apprentissage. En effet, les éléments qui font le plus défaut aux managers sont :

- le maniement de la logique du ET de préférence à celle du OU ;
- la capacité à travailler la cohérence des niveaux logiques d'ordre différents.

Toutes les entreprises vous diront qu'elles ont une vision, rédigée ou non : c'est la « vision du patron », celle du comité stratégique dans une grande entreprise, celle qui doit plaire aux analystes financiers ou encore celle qui, grâce à un recours habile à la langue de bois, se réduit à quelques vœux pieux.

À mes yeux, le grand intérêt de notre travail vient de la réflexion qui a été conduite en commun par approximations successives et ajustements sémantiques, sur les six niveaux logiques qui composent la vision. Les discussions que nous avons eues sur les sens des mots, la définition de chaque niveau logique, la traduction concrète que l'on en retire dans l'espace et dans le temps ont été le ciment du document finalement élaboré : grâce à cette démarche d'approfondissement et au niveau de communication qui en est résulté, la vision conçue possède un vrai sens et un vrai contenu pour chacun des acteurs qui l'a déployée.

Un autre intérêt de la décomposition en niveaux logiques est que cela confère à la vision le caractère pratique de l'« ascenseur » (le yo-yo de Vincent) : on doit pouvoir passer facilement d'un étage à l'autre suivant les circonstances, les interlocuteurs et notre position dans l'entreprise. Ainsi, Le dialogue avec les clients aura plus pour socle la vocation, les priorités stratégiques et les plans d'actions. La culture interne et la gestion sociale seront plus portées par l'ambition, les valeurs et les principes de management, mais toujours en relation avec les autres niveaux.

En outre, la diversité de perception des objectifs, telle qu'elle apparaissait à l'origine de notre démarche, s'est facilement estompée. Il faut dire que cela a été facilité par l'identification de perceptions différentes, parfois contradictoires mais non « contraires ». De ce point de vue, la vision a été porteuse d'une « fusion » de l'équipe, d'une « émulsion ». Au sens propre, l'émulsion est la « dispersion d'un liquide dans un autre liquide avec lequel le premier ne se mélange pas », et pour qu'une émulsion ne s'inverse pas, il faut sans cesse la remuer !

Par ailleurs, l'ascenseur des niveaux logiques passe aussi de manière continue des enjeux aux actions, et inversement puisque le résultat de certaines actions peut interférer sur les enjeux. Ainsi, il ne faut jamais agir sans avoir pris conscience des enjeux. Symétriquement, concevoir des enjeux sans les soutenir par une ambition et des plans d'actions n'a aucun sens : c'est l'action qui révèle le succès.

Mon expérience avec un actionnariat purement familial puis avec un actionnariat d'investisseurs non managers m'a fait percevoir une pondération légèrement différente entre les niveaux d'enjeux et les niveaux d'actions. *L'actionnaire familial* (à la fois actionnaire et « patron » opérationnel), s'il est représenté par une ou deux personnes physiques, est le porteur et le promoteur principal des trois niveaux d'enjeux : vocation, principes de management, valeurs. Ils seront diffusés avec plus ou moins de force dans l'entreprise selon le degré de charisme de cet actionnaire. *L'actionnaire investisseur non manager* s'intéressera logiquement de manière plus marquée aux trois niveaux d'actions : ambition, priorités stratégiques et plans d'actions. Cela ne signifie pas qu'il néglige les niveaux d'enjeux, mais il les délègue au management qui doit en être le porteur, en « intelligence collective » avec la volonté de ses actionnaires. Comparées aux entreprises cotées dont l'actionnariat est flottant, les entreprises reprises par un fonds d'investissement avec le management (LBO) ont une caractéristique intéressante : la relation stable et confiante, par définition, entre l'actionnariat et le management pendant une « tranche de vie » de l'entreprise.

Quoi qu'il en soit, on réalise qu'un bon équilibre est indispensable dans toute entreprise pérenne. L'équilibre comporte des éléments de stabilité exprimés en termes abstraits et des éléments de dynamique exprimés en termes d'actions.

Préserver et stimuler : une double dynamique nécessaire

Il ne s'agit pas de manier les concepts pour le plaisir mais de disposer d'une carte du territoire pour faire avancer l'institution et ses acteurs. Plus la focalisation porte sur les enjeux, plus il s'agit de préserver l'essentiel ; plus la focalisation porte sur les actions, plus il s'agit de stimuler le progrès (voir Figure 2.4).

L'équilibre entre ces deux polarités doit être maintenu en permanence.

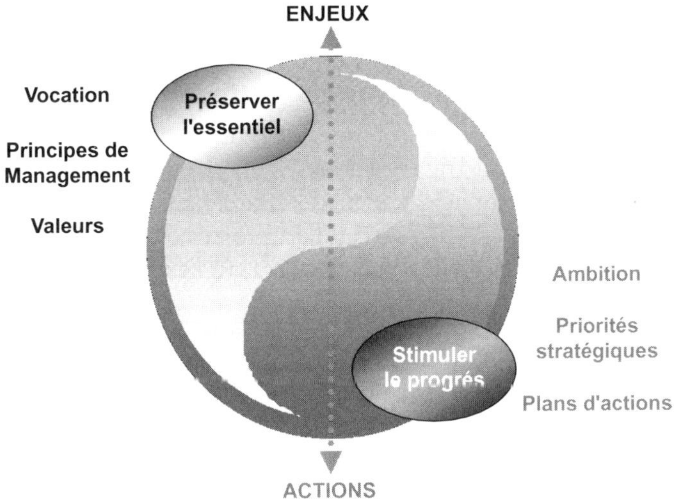

2.4 Préserver et stimuler au travers des niveaux logiques de la vision[1]

Concevoir la vision comme un processus dynamique[2]

Les réflexions préalables présentées ici permettent de construire un « fond d'écran » sur lequel la réflexion sur la vision va progressivement s'élaborer et s'imprimer. Il s'agit en fait de rassembler les éléments d'une enveloppe culturelle minimale, véritable berceau dans lequel la démarche du visioning va grandir et s'étayer. Chacun a sa façon d'appréhender la vision : certains en s'appuyant sur un document, d'autres par des images et des rêves, d'autres encore par l'action.

Lorsqu'on parle de vision dans l'entreprise, les personnes ont une représentation linéaire de la chose. Or la vision correspond à trois types de tâches (voir Figure 2.5) :

- L'élaboration du ***symbolique*** (ensemble des documents, textes et communications objectifs qui rendent compte de la vision) correspond au développement d'un référent objectif – un document

1. Schéma inspiré du livre de J. C. Collins et J. L. Porras, *op. cit.*
2. Ce paragraphe reprend des éléments de l'ouvrage de A. Godard et V. Lenhardt, *op. cit.*, p. 130, en les approfondissant.

qui fait foi, par exemple. Cela ne représente que 20 % du travail à accomplir pour que la vision soit partagée.

- Le travail sur l'***imaginaire*** (partage des représentations), qui représente 80 % de l'énergie à dépenser, est le plus important. C'est ce qui se construit en termes de sens dans la conscience.
- *L'**action*** consiste, à travers les mises en œuvre concrètes sur le terrain, à permettre aux acteurs de faire émerger tout l'implicite qui se trouve dans la définition d'un projet commun. La réalisation concrète de projets permet de passer à l'explicite.

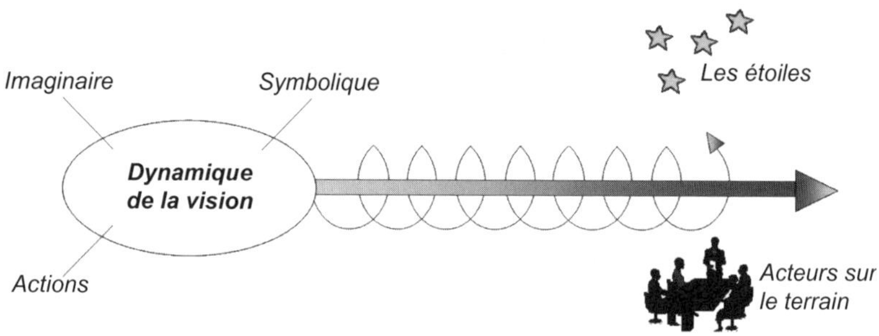

2.5 La vision comme processus dynamique

Certains accèdent à la vision en fermant les yeux, d'autres en voyant un début de réalisation. Dans tous les cas, c'est la mise en œuvre et ce que le philosophe Habermas appelle « l'agir communicationnel » qui seront la garantie d'un partage réel de la vision.

La vision ne correspond donc pas seulement à l'élaboration d'un document. Le travail sur la vision est en effet bien plus que cela et diffère pour chacun : pour les uns, il s'agira du processus d'énaction (voir les travaux de Francisco Varela) qui aboutit à quelque chose, pour les autres seul le résultat comptera. Or, faire communiquer ces deux types de personnes est un défi car nous ne pouvons pas avoir accès à la vision d'une personne autrement que *via* la médiation (l'art, une création, etc.). Autrement dit, il convient de sortir de l'illusion que l'on peut « voir » et avoir accès à la représentation de l'autre.

De la même façon, nul ne « voit » sa propre tête ; à plus forte raison ce qu'il y a dedans. Personne ne « voit » non plus une entreprise. Une entreprise est une construction dans l'imaginaire. La vision est donc un rêve collectif qui se nourrit et se construit dans l'intersubjectivité des imaginaires. Il est indispensable que le manager ait intégré cette réalité pour :

- Être porteur de sens (la notion de sens ne peut faire l'économie de l'événement qui se produit dans la conscience individuelle et implique de faire le deuil de la quête de certitudes illusoires, quête inlassable et vouée à l'échec).
- Vivre la complexité (par exemple vivre en permanence la double logique de cible et d'émergence pour ne pas rester enfermé dans la cible). Nombreux sont ceux qui se focalisent sur la cible au lieu de rester dans l'émergence permanente
- Faire le deuil de sa représentation et être constamment à l'écoute de la représentation des autres. Il s'agit par conséquent de renoncer à ce que l'on appelle en anglais le *self-righteousness*, à savoir le fait de croire ou de concevoir sa vision comme la seule valable. D'ailleurs, l'enjeu n'est pas tant d'être du même avis (ou d'avoir raison par rapport à l'autre) mais de comprendre et d'accepter l'autre dans sa différence.

L'intelligence collective n'existe qu'au prix d'un gigantesque travail de métacommunication et d'un souci permanent de surcommuniquer. La vision incarne le débat permanent.

Une réalité, des réalités

La métacommunication

Pour pouvoir communiquer avec l'autre et pour mener ce travail de la vision, chacun va devoir assumer une ascèse multiple et comprendre la façon dont nous communiquons les uns avec les autres. Les éléments à prendre en compte sont les suivants :

1. Les processus de métacommunication et les phénomènes d'inférences (avons-nous accès à la réalité ?).
2. La notion de Gestalt.
3. Les deuils.
4. Le sens et sa construction dans la conscience individuelle.

Pas d'accès direct à la réalité

Nous n'avons pas clairement conscience que nous n'accédons pas à la réalité directement, mais toujours au travers de nos systèmes de représentation. En face de la réalité, chacun dispose d'une compréhension et d'une représentation de cette réalité ; or nous n'avons pas accès non plus à la représentation que se fait l'autre de la réalité. Cela a comme conséquence que l'on ne parle jamais explicitement de l'événement qui nous préoccupe mais toujours des systèmes de représentation qui le décrivent.

De surcroît, nos systèmes de représentations et notre Gestalt sont empreints de notre histoire (passé), de notre contexte (présent) et de notre intentionnalité (futur). On parle alors de *phénomènes d'inférences*, ce qui revient aussi à projeter notre imaginaire sur le réel. Cette projection provient de ce que nous avons d'ores et déjà construit du sens dans nos vies et que tout nouvel événement vient s'inscrire dans une cohérence préexistante. C'est le besoin de cohérence propre à l'homme qui l'amène à rechercher le sens, à être insatiablement en quête du sens.

Les inférences sont donc constituées de trois éléments (voir Figure 2.6) :

1. De notre histoire : c'est le passé.
2. Du contexte dans lequel nous sommes amenés à penser la réalité : c'est l'ici et maintenant, le présent.
3. De notre vision du futur, de l'intention qui nous anime.

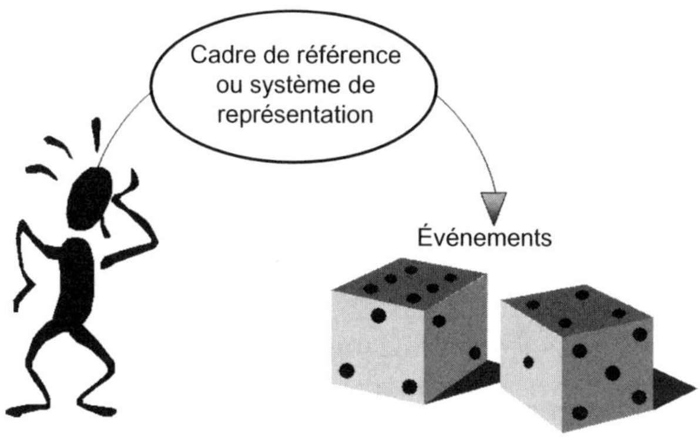

2.6 Phénomène d'inférence

Lorsque nous lisons une histoire faite de bric et de broc, notre esprit a tendance à remplir les « blancs » pour créer de la cohérence et du sens. Ce faisant, nous créons fréquemment une histoire qui n'a que peu à voir avec les éléments qui la constituent. C'est un exemple de l'incidence des inférences sur la lecture que l'on fait des événements. Derrière l'inférence se joue une problématique de sémantique générale. Nous reprenons les propos de Korzybski :

- La carte n'est pas le territoire.
- La carte n'est pas tout le territoire.

Il convient par conséquent de s'interdire de dire : « ceci est vrai, ceci est faux », parce que les inférences font que ceci peut être vrai pour une personne, faux pour une autre. Autrement dit, l'inférence consiste à plaquer sur le territoire une carte qui ne correspond pas à la réalité.

La notion de Gestalt

Le terme de *Gestalt*, qui signifie « forme », est un emprunt à l'allemand. Par extension, la notion de Gestalt correspond à l'organisation structurée, totalitaire et exclusive de ma conscience et de ma perception du réel. C'est le choc de deux paroles qui va redonner du sens et créer l'« insight » : par la chaîne associative, une cohérence émerge et donne du sens. Ainsi se crée une forme cohérente dans la conscience individuelle : c'est la genèse même de la Gestalt.

Pour communiquer, faire des deuils

Le processus de métacommunication nous montre combien communiquer implique de faire le deuil de sa propre représentation. Il convient en effet que je renonce (deuil) à ma représentation pour pouvoir rentrer dans la représentation que l'autre a de l'événement ou de la réalité.

Récapitulatif du processus de métacommunication

Nous rappelons ici des éléments présentés dans l'ouvrage *Les responsables porteurs de sens*[1] (voir Figure 2.7).

1. V. Lenhardt, *op. cit.*

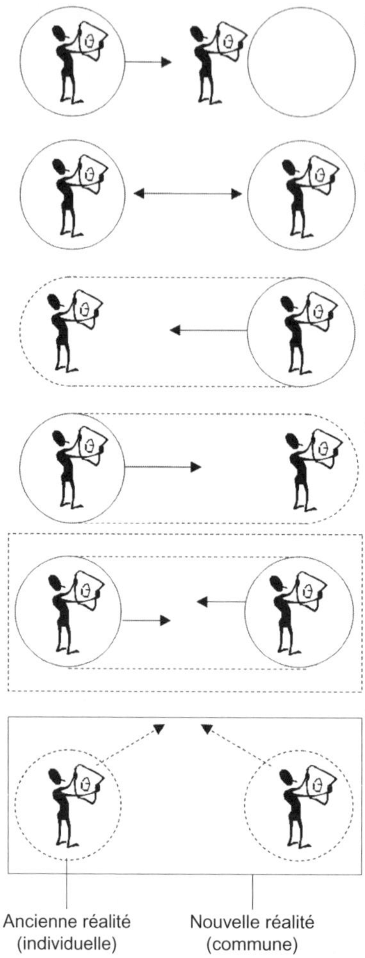

Situation 1 : ma perception, mon cadre de référence. J'identifie la différence entre ma perception et la réalité et je prends concience de la difference entre imaginaire, symbolique et réel et prends une position méta.

Situation 2 : je réalise que ma vision et celle de l'autre sont irréductibles

Situation 3 : j'accueille la perception de l'autre

Situation 4 : je communique à l'autre la perception

Situation 5 : renonçant chacun à notre propre perception comme étant seule et unique, nous assimilons réciproquement celle de l'autre

Situation 6 : étant partiellement désidentifié chacun de sa perception (résultat jamais acquis) nous avons tous deux une position méta à partir de laquelle nous méta-communiquons après avoir communiqué nos perceptions initiales.
Dans cette étape, chacun des deux partenaires a renoncé à sa perception initiale et accède à cette représentation méta qu'il partage avec l'autre et à laquelle il n'aurait pas eu accès sans ce processus en six étapes.

2.7 Processus de métacommunication

1. J'apprends que j'ai un cadre de référence et je ne m'identifie plus à mon cadre de référence, je me mets à distance. Je me désidentifie de mon cadre de référence.
   Nous avons à gérer un territoire complexe, avec des cartes qui ne représentent pas le territoire, et nos cartes ne peuvent pas représenter le territoire. Notamment du fait des limites de notre mental, nous ne pouvons voir deux choses en même temps. Se connaître amène à connaître ses propres limites et son incapacité à communiquer. Nous

sommes constamment en distance par rapport à la communication et c'est ce que l'on appelle la métacommunication, c'est-à-dire communiquer sur la communication.

2. Dans le travail de team-building, 80 % du processus consistent à être capable de métacommuniquer avec les autres et d'amener les personnes dans la culture de la métacommunication. Nous le voyons notamment dans les problèmes transculturels, internationaux : nous avons des représentations différentes, mais cela est également vrai entre deux personnes. Chacun a une représentation exclusive de l'autre.

   La Gestalt l'explique bien : comme mon mental se structure comme une totalité exclusive de celle de l'autre, il faut que je renonce à ma vision pour voir celle de l'autre. Mais ensuite, je ne peux pas voir les deux en même temps (la jeune femme et la vieille femme), ou alors je vois quelque chose qui n'a pas de sens. Comment faire pour que chacun prenne de la distance par rapport à sa propre carte, réalise que les autres ont des cartes mentales différentes ? Nous parlons de cartes mentales et non de réalité. Nous parlons de territoire à travers des cartes, mais les cartes dépendent du territoire et il nous faut évoquer le réel avec des cartes qui ne désignent pas exactement le réel.
3. Dans le coaching et le team-building, nous devons pratiquer l'ascèse permanente qui consiste à prendre constamment ce recul. Celui qui est en face de moi ne sait pas que je sais. La plupart du temps, il n'a pas cette culture-là. J'ai effectivement accompli ce travail de désidentification, mais ce n'est probablement pas le cas de l'autre. Pour qu'il y ait une chance que cela fonctionne, il faut que je renonce à mon cadre de référence, et je vais aider l'autre à me communiquer le sien ; je vais voir ce qu'il voit. Comme l'expose Covey[1], il est important de commencer par écouter l'autre avant de parler pour :
   - comprendre son cadre de référence ;
   - avoir plus de chance qu'il m'écoute si je l'ai déjà écouté ;
   - parler à partir de sa parole, ce qui est tout à fait différent de parler alors que je ne sais pas du tout qui j'ai en face de moi.
4. Je limite ainsi les défenses de l'autre et pourrai mieux intervenir si besoin est, puisque je comprendrai mieux ce qu'il m'a dit. J'aurai mieux perçu son cadre de référence et c'est seulement dans ce quatrième temps que je pourrai lui apporter mon cadre de référence.

1. Covey, S. R., *Les sept habitudes de ceux qui réalisent tout ce qu'ils entreprennent*, First, coll. Business, 1996.

5. Nous partageons nos cadres de référence respectifs. Pourtant, même si nous savons que nos cadres sont différents, ce partage induit de nombreuses frustrations, des deuils non faits et la tentative d'amener l'autre à s'identifier à notre propre cadre de référence : nous avons compris la vision de l'autre mais n'avons pas renoncé à la nôtre. À ce stade, on croit que l'on a communiqué et que l'on s'est compris. On a perçu le cadre de référence de l'autre et le sien propre ; on connaît l'arbitraire de ces deux cadres de référence ; on ne s'identifie plus à notre cadre de référence ni à celui de l'autre de façon exclusive car on sait que les deux sont valables. Pour autant, est-ce que nous essayons ensemble de combiner nos points de vue pour enrichir le bien commun ?
   Il s'agit donc de passer à un autre niveau. Comment allons-nous construire un cadre de référence commun dans lequel je ne suis pas perdu, je ne suis pas détruit ? En tant que coach (schéma du curseur), je vais veiller le plus possible à générer cette énergie avec le client afin qu'il construise autour de sa cohérence. Quelquefois, le client manque d'éléments fondamentaux ; alors, à partir de mon cadre de référence, je vais injecter des éléments dans son cadre de référence, mais je reste fondamentalement dans la logique du champion selon laquelle c'est au client de trouver sa solution : « *The power is in the patient.* »

La métacommunication : une ascèse incontournable et permanente pour tous les acteurs de l'intelligence collective.

6. Je pratique donc constamment la gymnastique qui consiste à me demander : « Suis-je dans mon cadre de référence ou bien dans celui du client ? » Cela se traduit pour moi, en tant que coach, par une écoute « flottante », notamment par une attention vis-à-vis du langage corporel du client. Si je détecte un geste de fermeture, je m'interromps pour vérifier ce qui est signifiant : « Est-ce ce qu'il dit, ou est-ce son langage non verbal ? »

Le travail sur le sens

Exercice de base de métacommunication

Le travail sur la représentation des cubes (voir figures 2.8 et 2.9) est l'exercice de base de la métacommunication : nous l'avons déjà indiqué, chacun a une Gestalt qui structure son imaginaire, laquelle est totalitaire et exclusive de celle de l'autre.

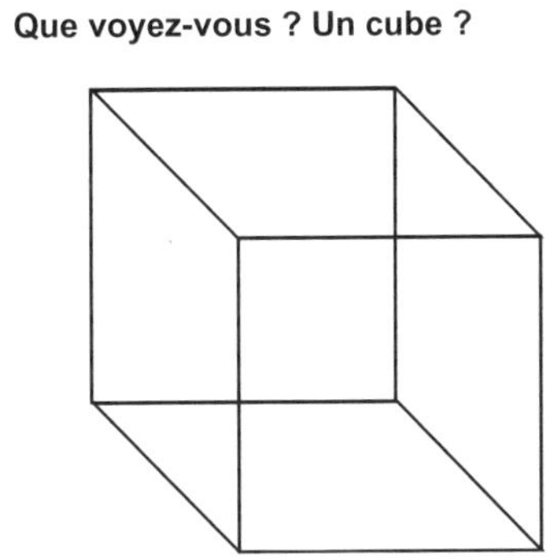

2.8 Un cube

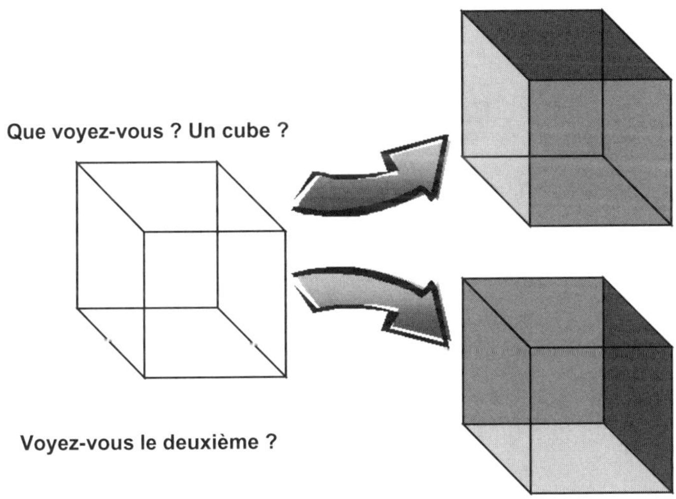

2.9 Deux cubes

Fond et forme, une tension qui fait sens

La notion de sens est une dialectique entre le fond et la forme. Le fond est-il blanc ou noir (voir figures 2.10 et 2.11) ? On choisit inconsciemment la couleur du fond. Notre perception est déterminée par notre culture et notre culture induit donc nos choix sans que l'on en ait une conscience claire.

2.10 Deux visages ou une coupe ?

2.11 Une coupe ou deux visages ?

Le sens résulte d'un choix dialectique entre un « fond » et une « forme ».

Accéder au sens

- Quand on accède au sens, il y a un moment jubilatoire, que nous appelons « orgasme du sens » – le « ha, ha, ha ! » des Gestaltistes, l'« eurêka » d'Archimède, le « bon sang mais c'est bien sûr ! » de tout un chacun, etc. On parle aussi d'« insight ».

- Pour créer une vision partagée, il faut qu'il y ait un sens qui se crée. Tant que cet événement ne s'est pas produit, il ne peut y avoir de vision.
- La création de la vision et du sens correspond au travail du cerveau droit.

Six acceptions du mot sens :
sens = direction (en entreprise, les objectifs)
sens = signification (en entreprise, les valeurs)
sens = finalité (réponse à la question « pour quoi ? »)
sens = causalité (réponse à la question « pourquoi ? »)
sens = intentionnalité (réponse à la question « pour qui ? »)
sens = émergence ou construction d'une cohérence dans la conscience individuelle.

Le tout et la partie dans la notion de sens

C'est le tout qui donne le sens à la partie et non le contraire. Que voyez-vous dans le cercle de la Figure 2.12 (a) ?

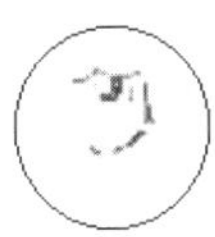

2.12 (a) Cercle isolé

Le sens résulte d'un choix dialectique entre une partie et le tout. C'est le tout (ou le contexte) qui donne du sens à la partie et non l'inverse.

Au cœur du cercle, vous voyez un œil ou une oreille, suivant que l'image globale que vous percevez est celle d'une « vieille » femme ou d'une « jeune » femme vue de trois quarts arrière. Cette fameuse image ambiguë, désormais très classique, sert ici à montrer que le sens se trouve dans le contexte de l'élément observé et non dans la partie en

2.12 (b) Détail de l'image de Boring

lumière. Cela a des implications quant à la façon de communiquer la vision dans une entreprise : il faut que tous les acteurs aient accès à la vision globale afin qu'ils puissent donner du sens à leur activité et repérer leur pierre dans la cathédrale.

La notion de sens et ses limites

Supposons un dirigeant qui souhaite transmettre sa vision (voir Figure 2.13) à son équipe : « Mesdames et Messieurs, je vous ai réunis pour partager avec vous la vision de l'entreprise ; je vous l'ai écrite noir sur blanc. » Généralement, dans ce cas, personne ne voit ce que veut dire le dirigeant !

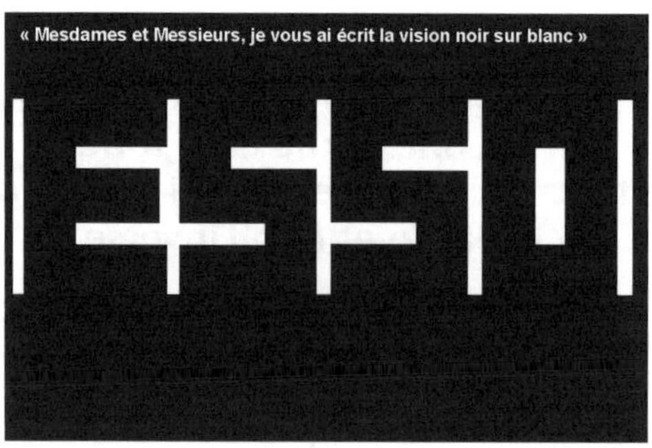

2.13 La vision selon le dirigeant

Il est primordial de comprendre que nul ne peut véritablement prendre de la distance par rapport à son propre système de représentations. D'ailleurs, personne n'a jamais vu sa propre tête (impossibilité de prendre une distance objective réelle). De la même manière, personne n'a jamais vu une entreprise – c'est une construction dans l'imaginaire. On a certes tous vu des locaux, des produits, du personnel, des clients, mais l'entreprise est une représentation mentale. Or une entreprise est quelque chose de simple, d'apparemment objectif. Que dire lorsque la vision est totalement immatérielle ! ? Le coach conduit donc un accompagnement culturel pour changer progressivement la vision des individus. Il travaille sur les moyens de réduire les éléments propres à la culture de chacun, à son environnement et dont on a tant de mal à se soustraire.

Nous n'avons jamais vu une « entreprise ». Nous n'en voyons que des éléments épars : des locaux, des logos, des personnes, des bâtiments, des produits, etc. La vision de l'entreprise est une construction dans l'imaginaire individuel et collectif.

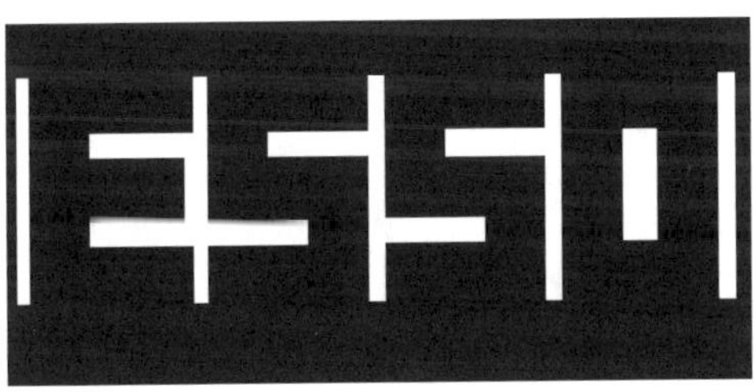

2.14 La vision avec un peu moins de fond noir !

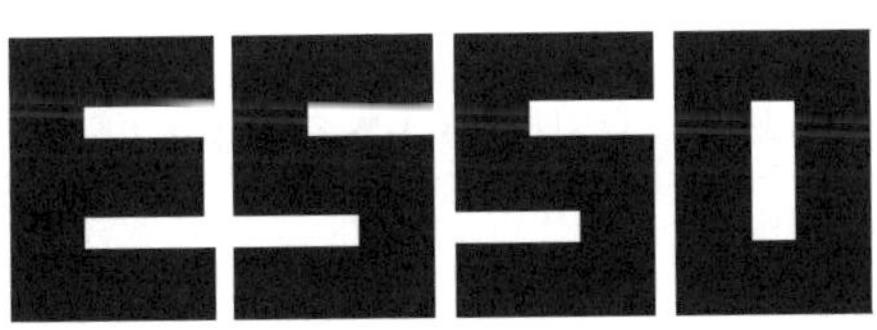

2.15 La vision écrite noir sur blanc !

Si l'on s'appuie sur les figures 2.14 et 2.15, le travail correspond de façon métaphorique à réduire l'environnement noir pour faire apparaître plus nettement le sens de la vision du dirigeant, jusqu'à ce que celle-ci soit effectivement clairement écrite noir sur blanc. L'aboutissement de ce processus correspond à l'orgasme du sens : le moment où éclate dans le cerveau droit la cohérence, source de jubilation dans la conscience. Tant que ce déclic ne s'est pas produit, il n'y a tout simplement pas « sens ». À la limite, la vision partagée ne peut faire l'économie de l'orgasme du sens dans la conscience individuelle. Mais le fait est qu'elle ne se décrète pas par une note de service ; elle provient d'un « rêve » dans l'éveil du cerveau droit (le seul qui rêve). Cela suppose du temps, l'acceptation de l'émergence, un processus éducatif et, souvent, d'accompagnement.

Le sens entre les mots

« Le sens est entre les mots » (Françoise Dolto) et correspond à une construction de l'imaginaire. Dans le dessin repris aux Figures 2.16, 2.17 et 2.18, il s'agit de remplir les blancs pour construire le sens de l'image. Cela peut constituer une métaphore de ce qu'est une entreprise. Elle est dans la conscience collective de chacun et elle se construit par le travail que tous opèrent sur le sens en remplissant les blancs...

2.16 Remplir les blancs (1/3)

2.17 Remplir les blancs (2/3)

2.18 Remplir les blancs (3/3)

Le rôle du coach n'est pas de donner le sens mais d'accompagner chacun dans la construction progressive de celui-ci. Le sens n'est pas seulement une direction, ni une signification, c'est l'émergence d'une cohérence dans la conscience. Pour le dirigeant comme pour le coach, être porteur de sens revient à savoir créer les conditions qui permettent à l'autre de construire son propre sens dans son processus eurogène. La vision collective ne peut faire l'économie d'un travail individuel. Pour qu'il y ait vision partagée, il convient que chacun la construise intérieurement. Tant que l'événement – l'insight (l'orgasme du sens) – ne s'est pas produit dans la conscience individuelle des acteurs, il ne peut y avoir de « vision partagée ».

La confrontation des logiques : monologique, dialogique, téléologique

Les éléments que nous reprenons ici sont le croisement des apports de Morin, Genelot[1], Fauvet et Fourtou[2]. La clé de voûte du visioning est de bien comprendre comment des logiques apparemment opposées peuvent se combiner, puisque la vision est le résultat de logiques qui s'allient : celle de l'autre et des autres avec ou contre la mienne. Trois termes sont employés pour caractériser la façon dont les logiques s'articulent les unes avec les autres :

- La « monologique » : c'est la logique seule existante, qui exclue toute autre logique.
- La « dialogique » : ce terme créé par Edgar Morin désigne la coexistence de deux logiques de nature et d'ordre différents, chacune ayant sa vie propre. « Le principe dialogique signifie que deux ou plusieurs logiques différentes sont liées en une unité, de façon complexe (complémentaire, concurrente et antagoniste), sans que la dualité se perde dans "l'unité". » La question des logiques hétérogènes et coexistantes pour produire un tout constitue le tissu intime de la complexité.
- La « téléologique » (du grec *telos*, fin, but) : il s'agit d'une logique centrée sur la finalité.

Spontanément, on traite des logiques différentes en les disjoignant et en les excluant. Ce faisant on détruit le tout qu'elles constituaient par leur lien dialectique. Par exemple, l'ordre sans le désordre supprime toute possibilité de renouvellement et d'évolution. Mais le désordre sans ordre ne permet d'ancrer aucune permanence. La vie est à cette condition : la présence conjointe de l'ordre et du désordre.

1. Genelot, D., *Manager dans la complexité – Réflexions à l'usage des dirigeants*, Insep Consulting, 2001.
2. Fauvet J.-C. et Fourtou J.-R., *La passion d'entreprendre*, Éditions d'Organisation, 1985.

Le processus destructeur « opposition-exclusion » : logique du « OU »

On perçoit bien le processus à travers la Figure 2.19 : en premier lieu, on désarticule ce qui était unité en supprimant les jonctions (« opposition ») entre les logiques, puis on exclut l'une des logiques pour s'attacher exclusivement à l'autre. L'exclusion peut se faire de façon directe, en niant la validité de la ou des logiques que l'on veut exclure. Mais l'exclusion peut aussi se produire de façon indirecte, en assimilant une logique à une autre (par dissolution ou confusion).

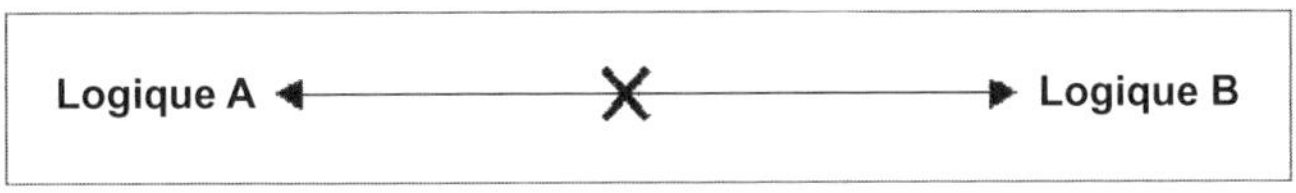

Processus d'exclusion : si quelque chose est A, il ne peut pas en même temps être B

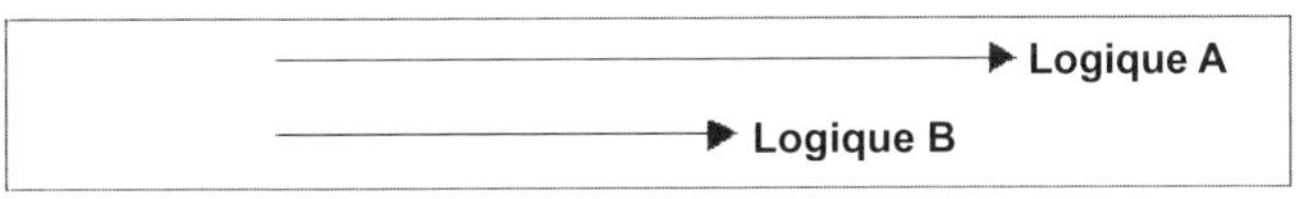

Processus de confusion : B perd son caractère propre et se retrouve totalement assimilé à A

2.19 Monologique

Le processus créateur « disjonction-conjonction » : logique du « ET »

Edgar Morin propose le processus de « disjonction-conjonction » (voir Figure 2.20) comme alternative à cette façon mono-variable d'aborder les problèmes : les logiques sont distinguées les unes des autres et leurs différences sont affirmées, mais elles ne sont pas séparées de la problématique globale à laquelle elles appartiennent. Sans nier leurs existences respectives, on les articule l'une à l'autre (conjonction) en vertu d'une logique de niveau supérieur qui les intègre sans réduire leurs spécificités.

Cette démarche s'oppose à celle qui consiste à ôter un élément de son contexte, à l'exclure du tout dans lequel il prend sens. Pour autant, la dialogique n'est pas viable, en raison du risque du départ de l'un ou l'autre qui représente telle ou telle logique. La tension est trop forte… On parle aussi de « logique molle ».

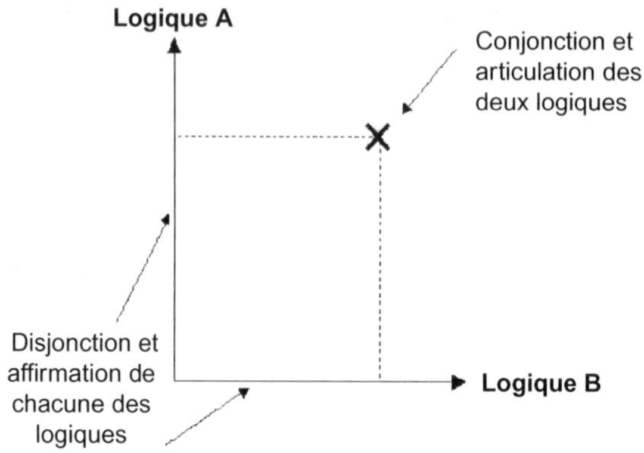

2.20 Dialogique

La téléologique : logique du « CAR »

La téléologique (voir Figure 2.21) permet de mettre en tension la dialogique et de la dynamiser en logique tendue, non plus molle. L'alliance est alors l'accord entre les parties qui acceptent de ne pas remettre en cause la logique de l'autre au nom de la vision commune. Ainsi, l'équipe performante est celle dont les membres auront suffisamment travaillé la vision commune pour transcender leurs différences. Cela leur permet ensuite d'œuvrer *pour* une finalité commune. Le fond du travail de coach et de team-builder est le passage de la logique du OU à celle du CAR, *via* celle du ET. Il s'agit de créer en l'homme le processus interne qui va le mener à élaborer le sens.

Reprenons l'image de Boring (voir Figure 2.22) pour comprendre comment s'articulent ces différentes logiques… Elle illustre bien que je ne peux voir deux images à la fois : pour voir la seconde, il faut que je renonce à la première…

Si l'on se trouve dans une monologique, ce qui correspond à 80 % des gens en entreprise, on fonctionne dans l'opposition. On affirmera que la femme est vieille ou qu'elle est jeune. Si l'on cherche à tout prix à s'accorder sur l'âge de la personne, en s'appuyant sur l'image de Boring, on se trouvera soit dans l'exclusion, soit dans la confusion, soit encore dans un compromis qui ne satisfera personne.

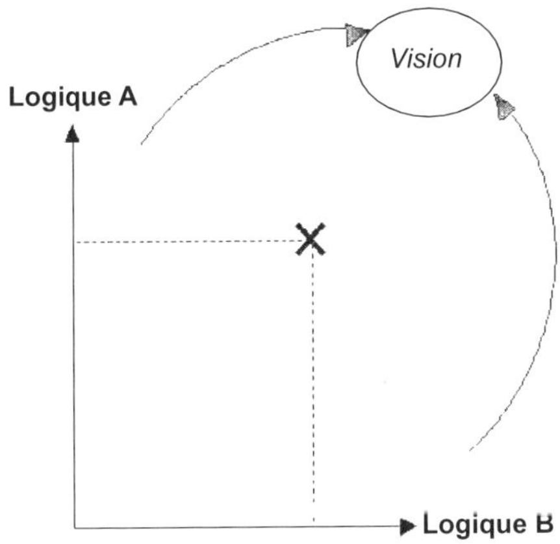

2.21 Téléologique

2.22 Jeune et vieille

L'accès de chacun à la vision suppose une ascèse indispensable : il s'agit tout d'abord de travailler dans *une logique de disjonction* (et non de compromis), c'est-à-dire reconnaître que l'image de Boring représente à la fois une jeune femme et une vieille femme.

Ce passage de la monologique à la dialogique, puis à la téléologique, est l'enjeu majeur pour les acteurs en ce qui concerne leurs « systèmes de représentations ».

En entreprise, il faut donc générer une vision qui va permettre de créer une alliance[1] (*affectio societatis*), laquelle va transcender les dialogiques et les disjonctions (voir Figure 2.23). Seule une entente sur les finalités permettra cette alliance qui dépasse les points de vues en disjonction. (Voir le récapitulatif des logiques, au Tableau 2.2.)

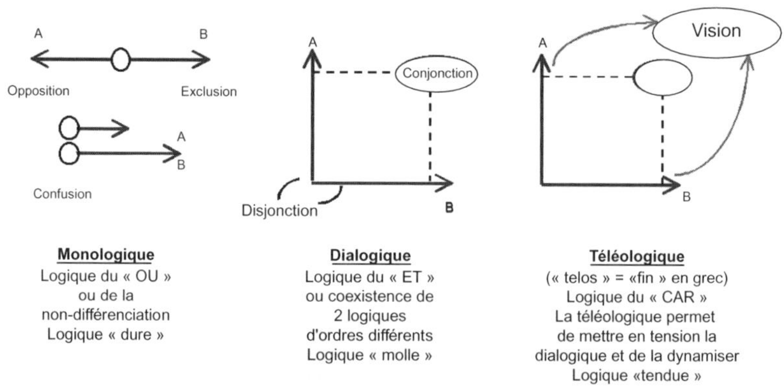

Source : D'après Dominique Genelot in « Manager dans la complexité » et Jacques Fauvet et Jean-René Fourtou in « La Passion d'entreprendre »

La vision permet de transcender les dialogiques et de les mettre en tension

2.23 De la monologique à la téléologique

1. Le psychanalyste américain Ralph Greenson a développé la notion d'*alliance* en ces termes : c'est la qualité de relation qui existe entre acteurs qui ont en commun une finalité, et qui s'engagent à emprunter un chemin ensemble sans remettre en cause la relation, quel que soit le niveau de frustration que ces acteurs peuvent être amenés à vivre. L'alliance se construit au travers du contact, de l'investissement personnel, de la confrontation si nécessaire.

Tableau 2.2 Récapitulatif des logiques (mono-dia-téléo)

Zoom sur…	Monologique	Dialogique	Téléologique
Processus	Opposition/exclusion ou bien opposition/confusion.	Disjonction/conjonction.	Création d'une vision co-élaborée.
Méthodologie de mise en œuvre	On se met d'accord par l'élaboration d'un compromis (la femme de Boring a 55 ans), d'un consensus mou.	Mise à plat des représentations avec réflexion individuelle préalable. Créer les conditions de « l'énaction » (Bertrand Martin : « on allume les moteurs »).	Création d'une vision co-élaborée.
Consensus et type d'alliance	Consensus symbiotique et de compromis, qui fait perdre le sens et démobilise les acteurs (plus personne n'y croit).	Consensus partiel. Les frustrations de la relation sont assumées par la seule ascèse d'un processus de métacommunication.	Consensus partagé. Chacun assume les frustrations par l'alliance qui se construit sur le sens partagé, et non par la seule ascèse d'un processus de métacommunication.
Logique du…	OU	ET	CAR
Causalité	Linéaire.	Circulaire.	Récursive.
Représentation de l'entreprise	Pyramidale, taylorienne et mécanique.	Matricielle et systémique.	Résiliaire, holomorphique.
Type de management	Management coercitif et hiérarchique, management du compromis.	Management de la complémentarité.	Management de l'écologie, du sens, centré sur les finalités.
Identité managériale	C'est l'expert donneur d'ordre, « l'homme solution » de Crozier.	C'est le manager ressource, « l'homme problème » de Crozier.	C'est le leader porteur de sens, l'homme responsable.
Commentaires	Cette colonne représente 80 % des situations dans l'entreprise. Cette approche est parfois nécessaire, notamment dans des situations d'urgence et/ou de crise.	Le danger est de rester sur ses propres positions, même si on prétend accepter celles de l'autre. Lorsqu'on passe dans un tunnel, on se retrouve avec x couteaux plantés dans le dos !	C'est la seule solution durable. Cette logique n'abolit pas les ordres inférieurs, mais l'ordre du niveau supérieur vient accomplir la vocation des ordres inférieurs.

Pour Collins et Porras[1], les quatre caractéristiques des entreprises visionnaires sont les suivantes :

- Elles vivent dans une logique du ET, non du OU.
- Elles sont conduites par un manager horloger (l'image de la canne à pêche pour Collins et Porras), qui bâtit une horloge au lieu de donner l'heure (le poisson pour les auteurs).
- Elles ont travaillé leur vision aux différents niveaux logiques, ce que les auteurs appellent la *Core Ideology*.
- Elles savent préserver l'essentiel (la vocation, les valeurs, les principes de management) et stimuler le progrès (l'ambition, les priorités stratégiques, les plans d'actions).

En conséquence, la vision partagée par une équipe suppose pour les acteurs :

- Qu'ils acceptent la représentation radicale de l'autre comme irréductible à la leur.
- Une ascèse permanente qui consiste à savoir que l'on n'a pas accès à la réalité mais que l'on en a seulement des représentations.
- Un entraînement permanent à ce que l'on appelle la position « méta ».
- Une dynamique relationnelle fondée sur la métacommunication permanente.

Il est important de garder à l'esprit que la vision peut recouvrir plusieurs réalités. Pour simplifier, nous pouvons dire que la vision peut se placer sur un continuum qui s'étend de l'ordre aux enjeux. Lorsqu'on exprime une vision du côté de l'ordre, la vision est essentiellement caractérisée par des chiffres : il s'agit généralement de la vision comptable, vision « pilule » propre au monde industriel. De l'autre côté, la représentation que l'on peut avoir de la vision dans la logique de l'intelligence collective est co-élaborée, collective, partagée, mal définie ou définie par tentative ou « tâches » successives. Cette vision s'élabore progressivement au travers d'une arborescence de problématiques : il s'agit d'une vision par les enjeux partagés (voir Figure 2.24).

Notre travail dans l'accompagnement de la croissance de la vision consiste à conduire l'organisation vers l'élaboration d'une vision fondée sur les enjeux, mais aussi à faire coexister la « vision par les enjeux » et la « vision pilule » propre au monde industriel.

---

1. Collins, J. C. et Porras, J. L., *op. cit.*

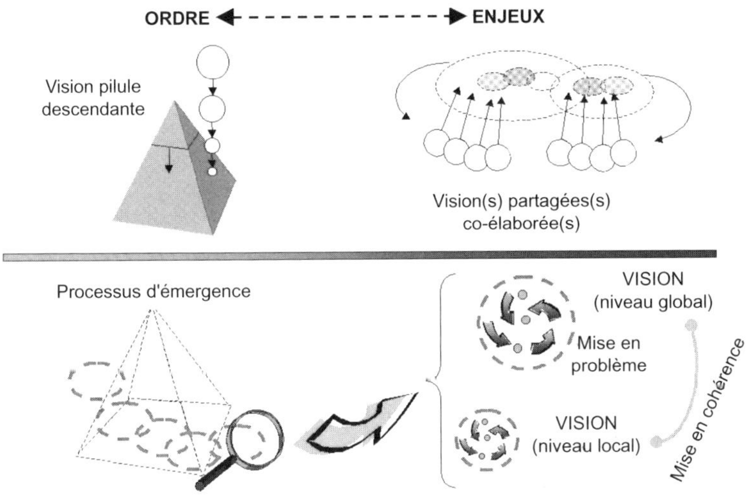

2.24 La vision recouvre plusieurs réalités : « vision pilule » ou vision partagée

Élaboration de la vision

Les précautions à prendre

Partir de l'existant

Comme nous le verrons dans les parties suivantes, avec la description de la méthodologie proposée par Doyle, lorsqu'on se lance dans le travail d'élaboration d'une vision, il convient de partir de l'existant, à savoir : conduire un état des lieux en termes de forces et de faiblesses de l'entreprise, analyser les visions existantes, implicites et historiques, puis revenir à l'énergie fondatrice de l'entreprise ou à l'ensemble des facteurs implicites de sa culture.

Les acteurs et leur développement identitaire

Le visioning n'élimine pas le rôle du leader mais il modifie l'image traditionnelle que l'on se fait de lui. Au lieu de tout porter sur ses épaules, le leader procure au groupe des partenaires clés qui vont élaborer la vision avec lui : un cadre stratégique, une pré-réflexion qui donnent le ton et inspirent le travail collectif. Chacun se construit en tant qu'être de talents (*homo faber*), de relation (*homo amans*) et de communion (*homo patiens*). Si les trois niveaux d'identité ne sont pas nourris, la personne souffre d'une carence identitaire. Le travail sur la vision contribue à cette construction identitaire. Si cet aspect est méconnu, c'est l'échec assuré.

Le déploiement spatio-temporel

La mise en œuvre d'une vision implique toujours un déploiement dans le temps et dans l'espace. On parle alors de déploiement spatio-temporel. La vision ne peut être une approche stratégique qui s'organise telle une opération en un coup (*one shot*). De plus, le travail sur la vision n'est qu'un élément d'un dispositif plus global qui touche, à terme, l'ensemble des fonctionnements de l'entreprise. On retrouvera généralement une architecture mère qui est à l'origine de l'élaboration de la vision et doit se déployer en boucle à tous les niveaux de l'entreprise (voir Figure 2.25).

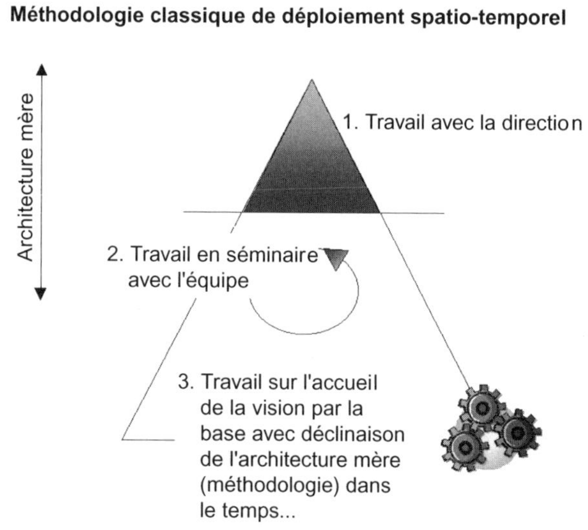

2.25 Déploiement spatio-temporel

Exemples d'éléments à prendre en compte selon les situations

Il existe une dizaine de méthodes pour construire une vision et aucune n'est meilleure que les autres. La bonne méthode est celle qui est co-construite en intelligence de situation. Il conviendra de prêter une attention particulière aux points suivants :

- Quel est le degré de maturité de l'entreprise qui décide de construire sa vision, quelle est sa culture et quels sont ses types de consensus (symbiotique, partiel ou encore partagé) ?
- D'où vient-on et où va-t-on ?
- L'énergie créatrice : bien veiller à souligner les valeurs de l'entreprise pour recréer la communication de façon cohérente, la signalétique, etc.
- Si la vision concerne une prise de poste, c'est différent. Si c'est le fondateur de l'entreprise qui est à l'initiative de l'élaboration de la vision ou si c'est l'un de ses successeurs, on n'atteindra pas le même résultat et le processus sera vraisemblablement distinct.
- S'il s'agit de créer une vision pour entériner une fusion entre organisations, il conviendra d'amener le personnel à travailler sur le deuil à faire quant aux cultures respectives des entreprises en question, afin de faire émerger les valeurs clés sur lesquelles s'appuyer.
- La dimension temporelle est elle aussi importante : à quel moment survient ce travail d'émergence de la vision ?
- Être conscient que la vision est un ensemble d'éléments réels, de composantes symboliques et d'éléments propres à l'imaginaire.

La méthodologie

Pour se lancer dans une opération de mise en intelligence collective avec la création d'une vision comme pierre angulaire, il est primordial que les personnes concernées aient bien compris l'holomorphisme et la récursivité, les deux composantes propres au management dans la complexité. Il convient de travailler sur les cinq vecteurs présentés à la Figure 2.26.

Ces cinq éléments sont indissociables les uns des autres ; il faut les envisager conjointement au préalable et non pas dans une démarche séquentielle. Dans notre expérience, si un seul vient à manquer ou ne bénéficie pas d'un investissement suffisant, la mise en intelligence collective sera défaillante. Pour être opérante, la vision doit s'inscrire dans une logique systémique en prenant en compte les cinq éléments cités ci-dessus. Or nous nous focalisons généralement sur le premier et le deuxième points (élaboration et déploiement) et, du coup, oublions les autres aspects, tout aussi importants. En vertu de l'holomorphisme et de la récursivité, chacun des cinq concepts ou axes de travail contient les quatre autres.

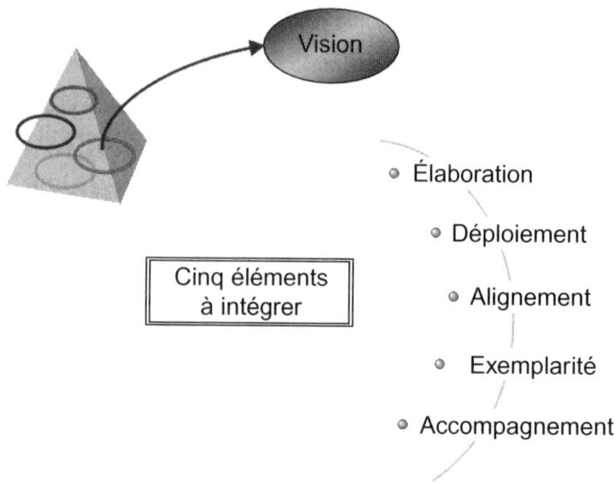

2.26 Le travail de la vision : les cinq éléments à intégrer

L'avantage du travail sur la vision est qu'il rend possible la mise en œuvre de processus de co-création auxquels les acteurs de l'entreprise contribuent. La construction de la vision permet à chacun d'intégrer le sens et dote les acteurs d'un champ magnétique qui agit comme une boussole. Après avoir intégré la vision, chaque acteur rentre dans un processus d'autocontrôle endogène (dans la mesure où la vision nourrit suffisamment le rêve). Nourrir l'ensemble des niveaux est la plus grande partie du travail à faire faire à l'entreprise. Puis, à un autre niveau logique, on procède au déploiement et à l'alignement de la vision (mise en cohérence des projets locaux par rapport à la vision globale), qui implique l'exemplarité de l'équipe de direction et l'accompagnement individuel (coaching) et des équipes (team-building).

Dans le processus d'intégration de la vision, la valeur ajoutée n'existe que si les cinq éléments à intégrer, tels qu'ils sont décrits dans cet ouvrage, sont tangibles. « J'élabore, ils déploient » ! Voilà parfois à quoi se résument certaines visions peu convaincantes. Pour notre part, nous pouvons dire, à mon avis, qu'au niveau de l'équipe de direction, « nous avons élaboré et nous avons déployé » ; mais ce n'est que la partie la plus facile, la plus éphémère aussi, comme un beau feu d'artifice.

Les trois composantes complémentaires ne viennent pas comme une conséquence, si on ne s'investit pas pour leur donner du contenu. Alignement, exemplarité et accompagnement sont les ingrédients de la pérennité de la vision et je mesure bien aujourd'hui, plus de deux ans après le déploiement de la vision, l'évaporation de ce que nous avons déployé dans les centres opérationnels qui n'ont pas ou mal mis en place ces trois éléments complémentaires. L'*alignement* a assez bien fonctionné, dans une équipe positive et une entreprise qui génère de la croissance rentable. L'*exemplarité* a été retenue comme une valeur présente à promouvoir dans l'entreprise : dans ce domaine, si quelqu'un a des difficultés, il les a avec lui-même... L'*accompagnement* pérenne et durable se révèle plus difficile à mettre en place. Il existe pourtant de multiples canaux : l'encadrement, les formateurs internes et externes, le réseau des ressources humaines, les agents externes qui nous observent avec un regard extérieur, parmi lesquels les clients qui ont souvent des relations étroites avec plusieurs échelons de notre organisation.

En matière d'exemplarité et d'accompagnement, l'un des exemples les plus révélateurs qui me vient à l'esprit est relatif à la sécurité : sécurité des biens, sécurité des personnes. En effet, nous avons une activité industrielle qui emploie des matériels lourds, partiellement automatisés, avec un fort taux de main-d'œuvre. Par ailleurs, notre activité peut être source d'incendies ravageurs et dangereux. C'est un thème sur lequel l'équipe de dirigeants dans son ensemble sait qu'elle doit se montrer exemplaire : ou bien en faisant personnellement des tournées de livraisons avec un agent de service, par exemple en vérifiant le fonctionnement des sécurités sur les machines lors de visites d'usines.

Il existe plusieurs méthodes d'élaboration de la vision possibles, que nous cherchons toujours à combiner. Nous en présentons quelques-unes à la Figure 2.27, notamment l'approche de Michael Doyle, que Myriem Le Saget développe dans son ouvrage *Le Manager Intuitif*[1].

Les entreprises n'en sont pas toutes aux techniques de visioning, lequel représente peut-être la version *high tech* de la stratégie d'entreprise. Selon le type d'organisation, son domaine et sa taille, les méthodes varieront du plus simple au plus élaboré. On parlera alors de vision à une, deux, trois, quatre ou cinq étoiles.

1. Le Saget, M., *Le Manager Intuitif – Une nouvelle force*, Dunod, 2003.

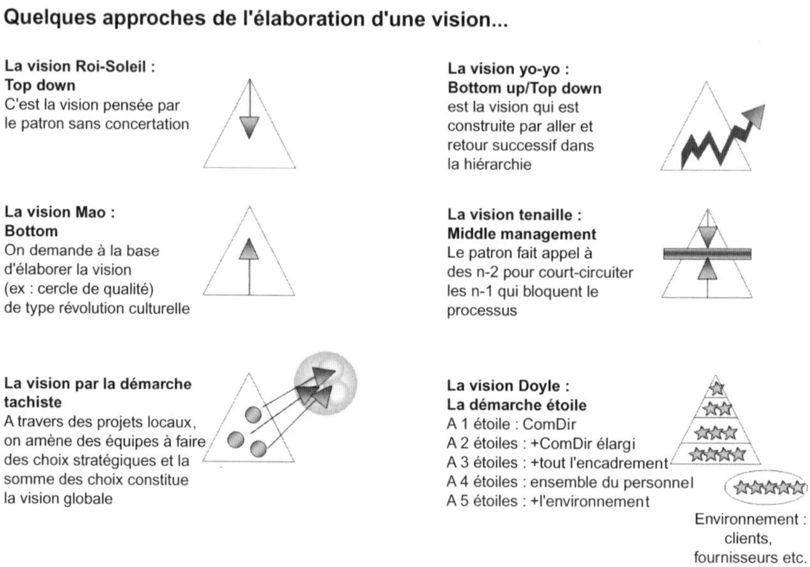

2.27 Méthodes d'élaboration

> Je pense que notre travail sur la vision s'est approché de la vision à quatre étoiles, telle que définie par Michael Doyle[1]. Par ailleurs, je crois que certaines idées stratégiques nouvelles et « visionnaires » peuvent valablement être émises par un dirigeant ou un petit groupe de dirigeants. Ainsi, nous avons été très peu nombreux à envisager puis à décider de nous lancer dans les services de fontaines à eau et de café expresso haut de gamme.

- **Vision une étoile** : inspiration personnelle du leader, elle correspond à l'image du futur de l'entreprise qui s'impose à lui et qu'il précise tout en avançant dans la direction que lui indique son intuition ou son flair des affaires. Les collaborateurs suivent, le futur dira si la vision était pertinente.

1. *Ibidem.*

- **Vision deux étoiles** : l'idée stratégique est apportée par le leader, mais reste inachevée. Pour affiner sa vision, la modifier, la nuancer, le dirigeant fait clairement appel à ses proches collaborateurs, voire à ses actionnaires…
- **Vision trois étoiles** : le leader sert d'initiateur. Il propose une certaine idée du futur de l'entreprise en fonction de l'idéal qu'il a lui-même imaginé, et discute avec ses collaborateurs pour élaborer une réelle stratégie. L'équipe modèle la pâte et lui donne sa forme finale. C'est un travail collectif et interactif ; à l'inverse des deux précédentes configurations, il ne s'agit plus de la vision du dirigeant.
- **Vision quatre étoiles** : les techniques du visioning entrent en jeu – création par le groupe de son rêve collectif, du futur idéal et unique souhaité par chacun pour l'entreprise. À ce stade, le leader engage le processus de visioning (ou processus stratégique collectif) avec son équipe de direction élargie ; il ira avec elle jusqu'à l'élaboration très détaillée des plans d'actions.
- **Vision cinq étoiles** : le dirigeant choisit de faire participer l'ensemble de son entreprise et de ses partenaires à l'élaboration de la vision. Des sous-groupes sont créés, constitués des représentants de chaque catégorie importante susceptible de jouer un rôle dans le futur de l'entreprise : différents types de salariés, de métiers, d'échelons hiérarchiques, mais aussi les clients, les actionnaires, les fournisseurs et autres partenaires extérieurs.

Ce type de visioning élargi est le nec plus ultra des méthodes stratégiques modernes. « Le visioning est une des premières étapes du développement d'un processus de changement dans une organisation » (Doyle[1]). Il faut facilement quatre à cinq ans pour réaliser les actions qu'implique une grande vision collective. Mais le degré de cohésion et de vitalité auquel accède l'organisation par ce biais est spectaculaire. Ce qui est original dans l'approche de Doyle est constitué par deux éléments :

- Le principe du visioning (quatrième point de la méthodologie en sept étapes).
- Le travail sur l'énergie fondatrice : que garde-t-on, qu'abandonne-t-on des mythes fondateurs et du code génétique de l'entreprise ?

1. *Ibidem*, chapitre 3.

Pour autant, l'approche de Doyle ne nourrit pas nécessairement les six niveaux logiques de la vision. Or, dans un déploiement spatio-temporel dans la durée, il convient de s'assurer que ce travail est mené.

L'« approche simplifiée[1] » proposée par Transformance pour faire travailler des équipes…

L'approche décrite dans le livre *Engagements, Espoirs, Rêves* est centrée sur le travail de mise à plat des représentations. Voici les éléments de cette approche, moins lourde dans son mode opératoire que la méthodologie de Doyle.

Une équipe de six à dix personnes peut se mobiliser autour d'« une vision partagée » en moins d'une journée avec l'« approche simplifiée ».

Un groupe inférieur à dix personnes peut recourir à cette méthode pour bâtir sa vision partagée en une journée. Il s'agit de réfléchir à cinq questions :

1. Comment voyez-vous votre entreprise à cinq ans ?
2. Comment voyez-vous votre entreprise à un an ?
3. Quels sont les principaux enjeux internes et externes ? (Si on dispose de temps, on peut poser les questions relatives aux forces/faiblesses, menaces/opportunités.)
4. Quelles sont vos préconisations ?
5. Quelle est votre contribution ?

Il est important de comprendre la nature de ces questions, exposée à la Figure 2.28 :

- les quatre premières questions mettent les participants en parité avec le dirigeant. Elles leur permettent de parler des enjeux avec responsabilité en les plaçant en position de leader.
- La cinquième question permet à chacun de retrouver sa place pour élaborer les moyens d'atteindre la vision. Le responsable est remis dans sa fonction.

1. Nous reprenons ici des éléments du livre *Engagements, espoirs, rêves*, *op. cit.*, p. 133, en les approfondissant.

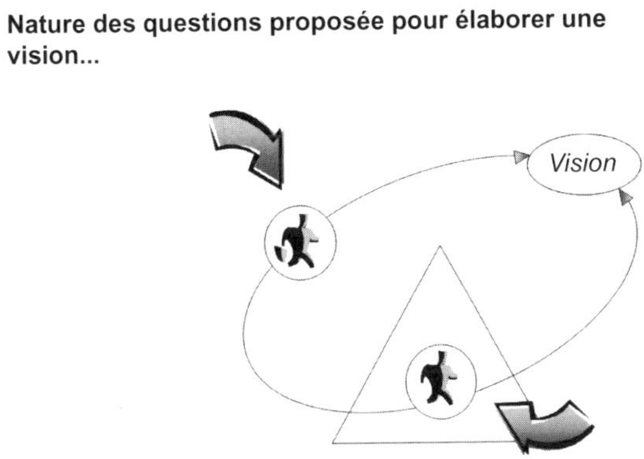

2.28 Nature des questions posées pour élaborer une vision

Processus de l'approche simplifiée

Une construction en six étapes :

Étape 1 : réflexion individuelle préalable (Rip), qui dure entre vingt et quarante minutes. Les participants répondent individuellement aux questions et remplissent une feuille de *paperboard* en collant dessus des post-it.

Étape 2 : présentation. Chacun communique au groupe ses réponses aux cinq questions.

Étape 3 : clarification. Chacun écoute les autres sans débat. Seules les questions de clarification sont permises.

Étape 4 : métacommunication. On ne parle pas du contenu après que chacun ait lu son communiqué, mais on partage ce que l'on ressent du processus vécu (partage des émotions). C'est cette étape qui manque la plupart du temps dans le « partage des représentations » et qui, pourtant, transforme le processus d'une discussion en un « dialogue » ou « multilogue » : chacun prend le temps et les moyens d'identifier et de respecter le cadre de référence de l'autre. Ce travail de métacommunication peut durer plus de 90 minutes. Lorsqu'on présente cette étape au groupe de travail, on peut l'éclairer à partir de questions telles que :

Comment je me sens ? Suis-je différent ?

Comment je perçois le groupe maintenant que nous nous sommes tous écoutés ?

Quelles sont les différentes cultures que je perçois ?
Ai-je fait des découvertes ?
Quelles sont les émotions que je ressens (et non pas les pensées qui me viennent !) ?

Étape 5 : élaboration de la vision partagée. On débat sur les quatre premières questions (il s'agit alors bien d'un débat et non plus d'une discussion). Ce débat se construit sur la base d'un accord. Techniquement, on regroupe les réponses par question et non plus toutes les réponses d'un individu sur une feuille.
Étape 6 : on se retrouve donc avec cinq feuilles – une par question – qui regroupent les réponses de tous les participants. Autrement dit, on réunit les post-it individuels (les étoiles), expressions d'une *vision unique en constellation* (chaque thème) qui compose la vision partagée. On hiérarchise ensuite les idées à l'aide de gommettes, et l'on peut alors passer au plan d'action.

Résultats

Cette méthode ne suffit pas complètement à bâtir une vision très précise. Elle permet cependant d'une façon remarquable :

1. De créer une vision collective, formalisée matériellement avec le système des post-it, de façon rapide et sécurisée pour le groupe.
2. De motiver les acteurs en parité : le dirigeant s'exprime comme les autres et veille à ne parler ni le premier ni le dernier. L'idéal est qu'il parle l'avant-dernier. Les participants ont ainsi la possibilité d'élaborer leur propre parole d'une façon qui les stimule et les responsabilise.
3. De passer de la représentation accord/désaccord à celle de la représentation accord/désaccord/malentendu, où l'accord est beaucoup plus important que le désaccord, ce qui constitue une surprise agréable pour les membres de l'équipe (voir Figure 2.29).

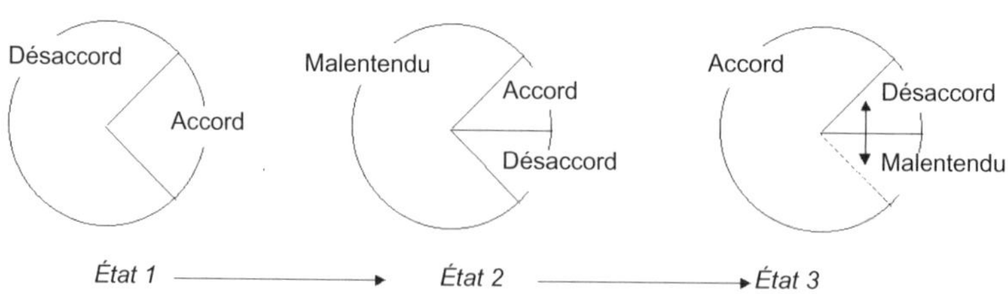

2.29 Du désaccord au malentendu

4. De faire vivre immédiatement une première expérience d'équipe performante à une équipe encore au stade de la collection d'individus, et ce au-delà de toute formulation d'une vision partagée.
5. De créer une rupture au sein d'une équipe dont les acteurs se trouvent dans une culture de contenu technique ou opérationnel. Cette approche les ouvre à la notion de processus et de sens et les initie à la métacommunication – la communication sur la communication –, approche indispensable au management de la complexité. Lorsqu'une équipe a vécu deux ou trois fois ce processus (qui s'apparente à une discipline et à la culture de la discipline), elle a intériorisé la démarche et les principes et valeurs dont elle est porteuse sont acquis. Cela produit une grande liberté entre les participants.

Déploiement[1]

Déploiement général de l'intelligence collective avec travail sur les visions

Une fois qu'un noyau dur d'acteurs décideurs a lancé la démarche, se pose la question du déploiement et de la participation de l'ensemble de l'organisation pour qu'elle devienne un système ouvert, créateur et apprenant.

Parfois issue du comité de direction, l'approche descend jusque sur le terrain (*top-down*), lequel élargit progressivement le travail précédent aux niveaux n-2 puis n-3, etc. D'autres fois, on s'appuie sur des groupes et expériences pilotes et l'on procède à un aller-retour en faisant monter puis descendre le processus par la hiérarchie, qui doit s'approprier et avaliser en son temps ces expérimentations. Nous préconisons dans certains cas l'application d'une approche « tachiste » (comme celle d'un peintre qui peindrait son tableau par taches, sans en dessiner les contours au préalable), qui touche simultanément des parties diverses de l'entreprise et mobilise des forces transverses autant que verticales.

Il est également possible de mettre en œuvre des processus par lesquels la hiérarchie intermédiaire est fortement sollicitée, car cette partie de l'entreprise est souvent la plus résistante au changement. Chaque fois que possible, une mobilisation générale de l'entreprise est évidemment souhaitable, comme l'ont démontré des exemples connus : citons

1. Cette partie est tirée de l'article intitulé « À partir du sens, la création de valeur », rédigé par M. Mack et V. Lenhardt : voir en annexe du livre *Les responsables porteurs de sens*, *op. cit.*

General Electric et la démarche du *work out* ou, plus près de nous, la filiale française du groupe suisse Sulzer et son redressement spectaculaire sous la présidence de Bertrand Martin[1].

Quatre vecteurs de déploiement peuvent être appliqués de façon intégrée :

- Le partage et la *co-élaboration des visions*, en privilégiant une conception de la vision que nous qualifierons de « poreuse » ou « cordiale » : c'est-à-dire qu'elle ne doit pas être une « pilule » toute faite que tout le monde doit avaler, mais bien plutôt une réflexion collective sur les divers enjeux et le positionnement des différentes actions opérationnelles (menées par les acteurs) et leur cohérence avec ces enjeux. Nous parlons de visions « poreuses » car, si la direction doit définir un cadre, celui-ci doit comme une éponge accueillir et absorber les idées de tous. Nous parlons de visions « cordiales » car, tel un cœur, une vision doit être vivante, palpitante et fonctionner suivant le rythme cardiaque des diastoles et des systoles, pour envoyer le sang dans les membres par les artères et l'aspirer en retour, enrichi, par les veines. Une vision doit être une dynamique collective vivante, celle précisément des différents projets et processus qu'elle a charge d'animer, d'éclairer et de guider.

Une vision peut être vivante et palpitante comme un cœur.
Diastole et systole : palpitation de la vision avec les acteurs.

- Un travail sur les *compétences stratégiques* (macrocompétences), qui consiste essentiellement à inventorier les compétences actuelles de l'entreprise et, parallèlement, à faire l'inventaire prospectif des compétences futures dont l'entreprise aura besoin. Puis il convient de prévoir un processus de reconfiguration ou de développement des compétences, l'apprentissage de fertilisations croisées, etc. Progressivement devront se dessiner et se construire les macrocompétences spécifiques de l'entreprise.

  Ce travail peut être réalisé par différents groupes pilotes, mais doit dans tous les cas être porté et suivi par la direction. Il devient

---

1. Voir B. Martin, V. Lenhardt et B. Jarrosson, *Oser la confiance – Propos sur l'engagement des dirigeants*, *op. cit.*

vite évident que ce travail constitue une occasion de mobilisation extrêmement forte des acteurs, et qu'il peut devenir le vecteur central de l'intelligence collective comme celui de la reconfiguration stratégique de l'entreprise.

- Un travail sur les *processus clés* : dans certains cas, il peut être intéressant de re-concevoir un ou plusieurs processus clés de l'entreprise. Par exemple, si au cours d'un diagnostic stratégique, il ressort que le développement de nouveaux produits et/ou services n'est pas à la hauteur des exigences qu'imposent le marché et la concurrence, il conviendra de remodeler le processus de création de l'offre de l'entreprise.
- Le déclenchement généralisé des différents *processus d'accompagnements* par les responsables, les agents de changement interne et externe des différentes entités : selon les cas, ces processus se nommeront groupes de recherche et d'innovation, accompagnement individuel (coaching), accompagnement d'équipe (teambuilding), groupes d'études et de progrès, groupes de résolutions de conflits interéquipes, groupes ad hoc, etc.

Déploiement des visions par l'action

La vision se déploie également par l'intermédiaire de l'action des acteurs : à travers les mises en œuvre concrètes sur le terrain, l'action permet aux acteurs de faire émerger tout l'implicite qui se niche dans la définition d'un projet commun. La réalisation concrète de projets permet de passer à l'explicite. Ce n'est que dans cette mesure que la vision devient un processus dynamique.

La vision ne consiste donc pas seulement en l'élaboration d'un document. Elle est en effet bien plus que cela et diffère pour chacun : pour les uns, l'important dans le travail sur la vision sera le processus d'énaction qui aboutit à quelque chose, pour les autres seul le résultat comptera. Or, faire communiquer ces deux types de personnes est un défi car nous ne pouvons avoir accès à la vision de quelqu'un autrement que *via* la médiation (l'art, une création, etc.). Autrement dit, il convient de sortir de l'illusion que l'on peut « voir » et avoir accès à la représentation de l'autre.

« Global » et « local »

On pourrait imaginer que déployer la vision consisterait à la faire descendre depuis le haut de la pyramide vers le bas. Dans cette perspective, il s'agirait en fait de décliner objectifs et moyens selon cette formule : les moyens d'un niveau hiérarchique correspondraient aux objectifs du niveau hiérarchique immédiatement inférieur.

Mais l'idée est de réaliser les projets locaux dans l'alignement avec les projets globaux. Il s'agit en réalité de recréer, pour chaque niveau, une vision qui soit en cohérence avec la vision globale. Cela revient à faire du local en cohérence avec le global (le « locbal »), et à faire remonter au niveau global ce qui émerge du local (le « glocal »). Autrement dit, il convient toujours de se poser la question du travail de la pierre (l'unité, le service, le département, la vision locale) dans la perspective de la cathédrale (l'entreprise, la vision globale).

Institutionnalisation

Par institutionnalisation, nous entendons que le processus de reconfiguration permanente de la vision est en place dans une organisation qui vit une culture de débat permanent. Institutionnalisation ne signifie ni fin du processus de déploiement ni retour à la case départ. Il s'agit plutôt de maintenir la dynamique lancée, de lui redonner les impulsions éventuellement nécessaires. Nous proposons deux critères pour identifier le stade auquel doit conduire la phase d'institutionnalisation :

- Le constat, établi à partir d'un sentiment partagé mais aussi d'un travail objectif sur les indicateurs définis au préalable, que la dynamique a atteint un point de non-retour, même si des pauses s'avèrent nécessaires dans tel ou tel domaine ou telle ou telle opération.
- Le constat suivant lequel les systèmes de représentation, les croyances et valeurs de l'intelligence collective ont été intégrés par les acteurs de l'entreprise, non seulement dans les comportements (partie visible), mais aussi dans les attitudes (partie invisible constituée des croyances de la personne). Les choses ne peuvent plus être « comme avant » et l'entreprise s'est dotée d'un esprit nouveau. Souvent, cela est lié à un événement : une restructuration, l'arrivée d'un nouveau dirigeant, la reprise par un nouvel actionnaire, etc. ; et l'on peut parler d'une nouvelle ère pour l'entreprise, comme on parle de « l'H-P Way » pour Hewlett-Packard.

  Cette institutionnalisation pourra prendre des formes diverses : charte de valeurs, « principes d'action », projet ou nouveau pacte d'entreprise. Peu importe. Il convient simplement de veiller à maintenir :
  - Des processus organisationnels permanents – accompagnés de la volonté politique et de l'exemplarité continue des diri-

geants, d'une part, et des budgets correspondants d'autre part. Il arrive que la phase de déploiement terminée, ces deux éléments viennent à manquer par simple négligence ou méconnaissance des dirigeants, qui « oublient » que cette dynamique a besoin d'être entretenue en permanence.

– Des processus apprenants généralisés, avec des phases d'expérimentation. Leur maintien doit être assuré de façon volontariste car ils sont moins connus et moins habituels ; de ce fait, ils risquent d'être perdus dans les sables mouvants de l'homéostasie organisationnelle.

Alignement (ou mise en cohérence), exemplarité, accompagnement

L'*alignement*, que l'on pourrait également appeler la « mise en cohérence », est un concept clé trop souvent négligé dans la gestion du changement. Cette démarche vise la responsabilisation. Il s'agit en fait de s'assurer que chaque projet local est bien porteur de la vision globale, et par conséquent de mettre en cohérence l'ensemble des actes de management.

Nous préférons au terme d'« *alignement* » (un peu trop « *militaire* »), l'expression de « *mise en cohérence* ».

Le processus d'alignement (voir Figure 2.30) consiste essentiellement à créer de la cohérence entre les différents niveaux logiques de la vision. En d'autres termes, chaque projet local doit être empreint des priorités stratégiques, des principes de management, des valeurs, de l'ambition et de la vocation de l'entreprise. L'essentiel est que chacun des projets locaux soit en cohérence avec la vision globale de l'entreprise. Il s'agit d'une véritable déclinaison opérationnelle locale de la vision globale.

C'est en travaillant sur les principes de management que l'on va procéder à l'alignement. Les principes de management, une fois établis, vont devoir être déclinés en termes de systèmes RH (recrutement, rémunération, entretien d'évaluation, plan de carrière, formation, etc.) et de systèmes d'information (informatique, communication interne, etc.). Chaque acte de management, chaque élément du système doit être porteur de la vision.

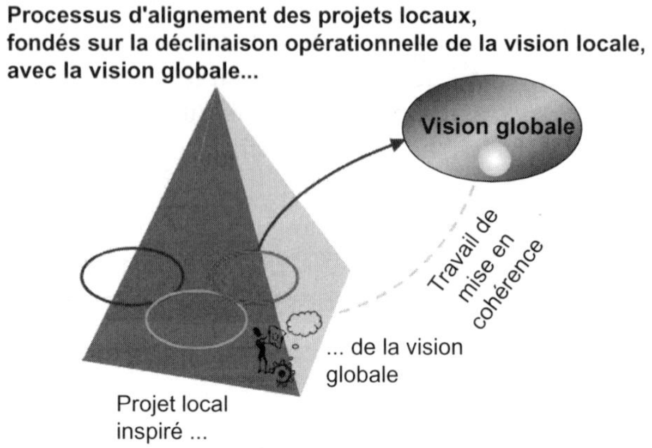

2.30 Le processus d'alignement

Supposons que le respect de la personne, l'initiative, la fixation des objectifs de façon concertée soient des valeurs et des principes de management émis lors de l'élaboration de la vision. S'ils doivent être promus dans l'organisation et, par ailleurs, si les décisions sont systématiquement descendantes, que les consensus soient symbiotiques (« Oui chef, bien chef ! ») et que la culture d'entreprise soit depuis des années celle de l'entreprise pyramidale, etc., il n'y a pas d'alignement et la vision va s'échouer sur le rivage des vœux pieux !

Rappelons que l'alignement n'est possible que dans la mesure où l'équipe de direction, et d'une façon générale l'ensemble des responsables, ont un comportement exemplaire et qu'un processus d'accompagnement individuel (coaching) et d'équipe (team-building) a été mis en place. Il est souvent nécessaire, pour la pérennité de l'alignement, que le dirigeant ait fait ou fasse un travail de développement personnel important : en effet, le développement de son entreprise est à la mesure de son propre développement.

Dès lors que l'alignement est entrepris de façon authentique et qu'il est suivi d'exemplarité et d'accompagnement, les résultats ont des chances d'être au rendez-vous. Dans une organisation qui brille par sa cohérence, on ne reprochera pas au dirigeant de prendre parfois des décisions dures (comme le licenciement de telle ou telle personne) susceptibles de générer de l'injustice. Bertrand Martin, PDG de Sulzer, le rappelle en ces mots : « Ce n'est pas l'acte de licencier quelqu'un qui est condamnable, c'est la façon dont cela est fait. Car c'est l'esprit et le processus dans lesquels les actes sont posés qui priment sur le résultat. »

Les gens « heureux » dans l'entreprise seront ceux qui sont porteurs des mêmes valeurs que l'organisation.

Trois conditions d'ordre organisationnel nous paraissent absolument nécessaires au développement de l'intelligence collective – dont le travail sur la vision est un des éléments majeurs :

- La manifestation, par l'équipe des dirigeants, d'une volonté politique à long terme, afin d'accompagner cette importante démarche de changement par la nécessaire combinaison des « protections » (pour éviter les écueils) et des « permissions » (pour permettre l'initiative). L'implication personnelle évidente et l'*exemplarité* des dirigeants sont nécessaires pour apporter toute sa crédibilité à la mise en œuvre des nouvelles pratiques. L'exemplarité, c'est accepter qu'il existe un référent commun et que les dirigeants s'y conforment, comme les autres. Cette attitude rend la confrontation possible, et permet de rentrer dans un État (avec majuscule) de droit et de sortir de l'état (avec une minuscule) fusionnel !
- Des processus apprenants agissant en profondeur pour renouveler les « savoirs », les méthodes, les compétences, les comportements et les cultures.
- Enfin, les *accompagnements* (coaching et team-building) dont ont besoin les acteurs (dans leur changement d'identité, de valeurs et de fonctionnement) pour soutenir et ressourcer cette dynamique. Ils pourront être fournis par les responsables eux-mêmes (responsables ressources et responsables porteurs de sens), par des agents de changements internes (formateurs, coordinateurs, consultants) ou des intervenants extérieurs (il est parfois absolument nécessaire de faire appel à des éléments « hors du bocal »). Ces accompagnements auront pour vocation de faire entrer les acteurs dans une culture de la métacommunication, de créer des espaces dans lesquels le non-dit entre les acteurs pourra être abordé et enfin de structurer les démarches des changements.

La vision d'entreprise chez Elis : extraits et explications de texte

Nous présentons ici un aperçu de la vision d'Elis telle que formulée en octobre 2001, à savoir telle qu'elle a été co-construite par les principaux acteurs de l'entreprise. Nous y avons ajouté les commentaires de quelques protagonistes.

La vision globale

Cette formulation en trois points constitue un fondement opératoire et fédère l'ensemble des niveaux logiques tels que décrits dans le corps de cet ouvrage :

- Elis fonde la pérennité de sa position de leader sur la satisfaction de ses clients, sur sa capacité à conquérir de nouveaux territoires et de nouveaux marchés, et à générer une croissance rentable continue.
- Elis s'appuie sur des hommes et des femmes fiers de leur entreprise et de ses valeurs permettant à chacun de s'y épanouir.
- Elis doit permettre à chacun de ses clients, à chaque membre du personnel et à ses actionnaires d'être convaincus d'avoir fait le meilleur choix.

Commentaires de François et Patrice

La vision est l'expression de :

- notre identité ;
- notre personnalité ;
- notre « agir ».

Elle est ce qui donne sens à notre avenir :

- pour les clients ;
- pour le personnel ;
- et pour les actionnaires.

Elle est partagée, elle oriente et éclaire notre aventure.
Reprenons quelques termes :

« *Pérennité* » : nous considérons qu'Elis doit figurer parmi les leaders mondiaux dans le service aux entreprises.

« *Leader* » : être leader aujourd'hui, c'est être le numéro un en Europe.

« *Satisfaction du client* » : le client est au cœur de l'entreprise. Il est présent dans la pratique quotidienne de l'agent de production comme dans celle du président. C'est l'interaction avec lui qui donne un sens à chacun de nos gestes ou de nos actions. Nous pensons spontanément à l'agent de service, mais également à tous les niveaux où cela se passe… et les « alizés » nous y dirigent…
« *Croissance* » (« nouveaux territoires », nouveaux produits, « nouveaux marchés ») :

- En termes de territoires, il s'agit de toutes nouvelles opportunités en Europe.
- En termes de produits, il s'agit notamment des machines à café, des fontaines à eau.
- En termes de marché, il s'agit d'entrer sur tous les marchés potentiels nouveaux, grâce à l'élargissement de la gamme de services.

Voyons à présent deux phrases :
« Elis s'appuie sur des hommes et des femmes fiers de leur entreprise et de ses valeurs permettant à chacun de s'y épanouir » : cette phrase parle d'elle-même ; il n'y a rien à ajouter.
« (…) *avoir* fait le meilleur choix » : aujourd'hui, le changement est plus facile et la tendance au changement s'accélère… :

- L'acheteur ou le consommateur change plus facilement de fournisseur.
- Les collaborateurs sont plus souvent sollicités.
- Les actionnaires qui soutiennent et financent l'entreprise ne sont pas pérennes.

Pourtant notre métier se place dans la durée :

- La profitabilité vient de la fidélité des clients, et c'est dans la durée que nos collaborateurs se forment au métier.
- Pour rester fidèle, il faut être convaincu en permanence d'avoir fait le meilleur choix (vision).

Commentaires additionnels des auteurs :

La force d'une vision réside principalement dans sa cohérence.

La vocation

- Simplifier la vie de l'entreprise, en apportant une gamme de prestations de services tangibles, répétitifs et durables.
- Hygiène, confort, bien-être et image sont les supports sensoriels de nos services.

Commentaires de Christian et Benoît

La « vocation »

La vocation, on sait tous ce que cela signifie mais rappelons ce qu'en dit le dictionnaire : c'est la destination naturelle d'un groupe ou d'une personne. C'est aussi un penchant ou une aptitude pour un genre de vie ou une activité. C'est enfin un mouvement intérieur par lequel une personne se sent appelée au sacerdoce ou à la vie religieuse… Cela signifie peut-être que rentrer chez Elis, c'est rentrer dans les ordres ! Mais voyons ensemble ce que le comité de direction a écrit sur ce sujet…

« Simplifier la vie de l'entreprise, en apportant une gamme de prestations de services tangibles, répétitifs et durables. »

Voilà une phrase importante qui nécessite quelques explications… « *Simplifier la vie* », c'est un peu vague et général ! Cela signifie que nous voulons permettre à nos clients de se concentrer sur leur véritable savoir-faire, sur leur métier de base. Ils doivent pouvoir compter sur Elis et sur sa fiabilité pour se débarrasser de la gestion de problèmes annexes. Grâce à nous, ils seront plus disponibles pour leurs clients. Comme nos clients finissent par s'habituer à sous-traiter leurs problèmes, nous nous rendons totalement indispensables à leurs yeux.

« *…en apportant…* » : en fait, nous nous déplaçons, nous allons chez le client; c'est le travail quotidien de la distribution commerciale. Nous avons tendance à oublier que nous nous rendons physiquement chez le client pour assurer notre prestation. Une seule autre entreprise se déplace ainsi chez ses clients : la Poste !

« *…une gamme de prestations de services…* » : historiquement, nous sommes passés d'un savoir-faire centré seulement sur l'entretien des textiles à un savoir-faire fondé plus généralement sur notre capacité à délivrer des services *via* notre distribution commerciale. Aujourd'hui, dans l'esprit de nos clients, l'agent de service et le camion Elis nous caractérisent davantage que le linge. L'industriel s'associe progressivement au prestataire de services. C'est tout simplement parce que le produit n'est que le support du service.

« …*tangibles*… » : chez Elis, notre service est effectivement tangible et nous faisons en sorte que le client puisse voir *la matérialité de notre prestation*. Par exemple, le client voit que les textiles sont nettoyés, que les consommables sont livrés et qu'il n'y a pas de rupture du service. Il peut s'agir de savon, de papier, mais aussi de bombonnes d'eau ou de doses de café. Nous ne vendons pas de matière grise, nous vendons une présence physique sur le site du client, qui peut constater par lui-même que cette présence se justifie. Cette présence se matérialise par du personnel à disposition ou par notre agent de service.

« …*répétitifs*… » : nos services ne sont pas du type « *one shot* ». Nous nous rendons chez nos clients de manière cadencée, toutes les semaines, tous les quinze jours ou tous les mois. Notre passage se fait toujours le même jour, pratiquement à la même heure. De manière générale, il ne s'écoule jamais plus d'un mois entre deux passages chez le client.

« …*et durables*… » : la durée de notre relation commerciale répond à une *attente des clients et à une contrainte économique forte pour nous*. Nos contrats durent trois ans et ils se renouvellent tacitement. En moyenne, nous gardons nos clients dix ans. Ils ont besoin d'être sécurisés : ils valorisent la pérennité et la fiabilité d'Elis, et nous leur apportons la garantie d'un service constant dans le temps. Comme nos services répondent à des besoins fondamentaux des êtres humains, ils sont durables en termes d'intérêt… Boire de l'eau pure, porter des vêtements propres, dormir dans des draps confortables et impeccables… Il paraît impensable de s'en passer. Le besoin est donc durable. Du côté d'Elis, l'investissement initial pour acquérir et équiper un nouveau client est très important ; donc nous devons absolument le fidéliser le plus longtemps possible. Un service qui repose sur des relations commerciales non durables ne sera jamais rentable pour nous.

« Hygiène, confort, bien-être et image sont les supports sensoriels de nos services. »

Voilà une deuxième phrase importante… Nous remarquons l'expression « supports sensoriels », qui peut paraître énigmatique pour évoquer nos services. Le dictionnaire nous précise que « sensoriel » signifie « relatif aux organes des sens ». Nous venons de voir que nos services sont tangibles. Faisons le tour des sens.

Commençons par la *vue* : en quoi nos services sont-ils visuels ? L'esthétique de notre gamme d'appareils sanitaire est reconnue par nos clients. Le design de notre fontaine à eau et celui de notre machine à café expresso en sont des illustrations récentes. Dans le textile, la nouvelle ligne de vêtements sportswear, nos tenues Atlanta bicolores, nos nappes du Jacquard Français. Nos camions blancs... L'image est importante pour nos clients : ils la demandent pour eux et pour leurs clients, et nous la leur garantissons jour après jour.

À présent, quelques illustrations liées à l'*odorat*. Les diffuseurs de parfums et le parfum à la pomme, actuellement en lancement, assainissent l'air des sanitaires et les lieux publics. L'arôme de notre expresso est souvent évoqué. Et puis l'odorat, c'est aussi l'odeur agréable du linge propre. Cela contribue au confort de nos clients.

Abordons le toucher : quelles illustrations, au-delà de notre présence physique chez nos clients ? La qualité de nos textiles, notamment dans le domaine de l'hôtellerie et de la restauration, est primordiale. Le client est en contact avec nos draps, nos serviettes éponge, nos nappes. Nous contribuons à la satisfaction globale des clients de nos clients. Souvent, la qualité de notre linge fait partie intégrante de l'offre d'hébergement et de restauration. Nos vêtements doivent apporter un confort aux porteurs : les salariés en ont assez de porter des vêtements mal conçus. Ils veulent se sentir bien.

Quant au *goût*, on le relie facilement à nos services en distribution de boissons (fontaines à eau et machines expresso).

Par conséquent, reste l'*ouïe*. Là, nous devons convenir que c'est un peu difficile. Avec la presto, nous avons une synthèse vocale qui communique des messages permettant de guider le client en cas de mauvaise manipulation ou de panne. Enfin, dans le domaine sanitaire, nous sommes tous familiers du petit « pschitt ! » de nos diffuseurs de parfums.

En résumé, non seulement nous faisons appel aux cinq sens mais en plus, la qualité de ces prestations et de ces sensations génère du plaisir auprès de nos clients... Nous serions presque tentés de remplacer « sensoriel » par « sensuel », c'est-à-dire « qui évoque le plaisir des sens ».

Certains seront peut-être surpris par ce discours sur les cinq sens, dans un métier qui peut passer pour essentiellement industriel. Il s'agit en réalité d'un glissement progressif depuis une prestation purement rationnelle (fournir des draps à des hôteliers, habiller des salariés dans l'industrie) vers une prestation plus « globale », qui « englobe » des aspirations plus irrationnelles de l'être humain (rendre le lieu de travail plus agréable et convivial). Cela correspond à une tendance de fond du marché : les salariés troquent leur bleu de chauffe pour des tenues « sportswear », boivent de l'eau pure pour leur bien-être et leur santé, accueillent leurs clients de façon conviviale avec une tasse de café…

Commentaires additionnels des auteurs :

La vocation : clef de voûte du métier !

L'ambition

D'ici cinq ans, devenir l'entreprise la plus performante au monde dans nos métiers, tout en conservant une culture de proximité vis-à-vis du personnel et des clients, animée par chaque centre opérationnel.

Commentaires de Brigitte et Pascal

« Quels défis nous fixons-nous ? »

Notre ambition est de conserver notre capacité à générer de la croissance rentable dans la durée. Pour atteindre cette performance, trois éléments sont indissociables :

- la fidélité de nos clients et la conquête de nouveaux clients ;
- le bien-être de notre personnel ;
- un équilibre entre qualité et productivité.

Cette association est incontournable et aucun des trois ne peut progresser sans l'autre. Chaque semaine, nous livrons 250 000 clients. C'est au travers de l'implication de chaque centre opérationnel que s'organisent ces livraisons et que se résolvent les problèmes. C'est par la vie qu'il mène dans son cadre de vie quotidien que chacun des salariés d'Elis ressent du bien-être. Cette culture de proximité passe nécessairement par la vie des centres.

Commentaires additionnels des auteurs :

L'ambition, c'est le « corps du rêve » : un défi qui a la force d'une évidence et qui fait rêver.

Les valeurs

- Respect d'autrui.
- Exemplarité.
- Intégrité.
- Responsabilité.

Commentaires de Laurent et des deux Thierry

« Respect d'autrui »

1. Quelle que soit sa position hiérarchique dans l'entreprise, toute personne mérite de la considération.
2. La prestation d'Elis est le résultat d'une chaîne de personnes : le travail de chacun est pris au sérieux.
3. Il n'y a pas de personnalité ou de parcours type dans l'entreprise, la différence y est respectée, voire cultivée.

Synthèse :

- La considération pour toute personne.
- Le travail de chacun est essentiel.
- Les différences sont respectées.

« Exemplarité »

1. Je m'applique les contraintes que j'impose à mes collaborateurs (présence pendant les ponts, ponctualité, entretiens de fin d'année, etc.).
2. Lors des situations difficiles, tout le monde sait se retrousser les manches (encadrement sur les calandres, dépannage des clients, chef de service clients dans un camion…).
3 Chacun est un représentant de l'entreprise auprès des clients : il est conscient qu'à travers lui, c'est tout le groupe qui est jugé.

Synthèse :

- Fais ce que je dis, donc ce que je fais.
- En cas de besoin, tout le monde « est sur le pont ».
- Pour le client, Elis, c'est moi.

« Intégrité »

En raison de notre structure en réseau et de notre assez forte décentralisation, il est critique de pouvoir faire confiance aux responsables quel que soit leur périmètre, depuis le directeur de centre jusqu'à l'agent de service sur sa tournée. Or notre métier est une source permanente de tentations et/ou d'occasions.

1. Les engagements pris sont respectés, que ce soit vis-à-vis des clients, des collaborateurs ou de la hiérarchie.
2. Les problèmes ne sont pas dissimulés : l'information est ainsi remontée au plus vite aux personnes compétentes, afin d'apporter l'aide nécessaire.

Synthèse :

- L'intégrité est une condition essentielle dans notre métier et dans notre organisation décentralisée.
- Respect des engagements pris.
- Pas de dissimulation des difficultés.

« Responsabilité »

1. Chacun assume les succès comme les échecs ; on cherche ce que l'on peut faire pour régler un problème avant de chercher quelqu'un à qui en attribuer l'origine.
2. Chacun se sent concerné et impliqué lorsqu'un collaborateur fait face à une difficulté ; il n'y a pas de fuite ; responsabilité et solidarité sont indissociables.
3. Afin de permettre à chacun d'être responsable, l'erreur est acceptée si elle est source d'apprentissage.

Synthèse :

- Chacun assume ses résultats.
- Ne pas fuir les difficultés.
- L'erreur est acceptée.

Commentaires additionnels des auteurs :

(Ces commentaires ont été émis lors de travaux en commissions.)

Nombre d'autres valeurs ont été évoquées qui toutes pouvaient être rattachées à l'une ou l'autre des valeurs finalement retenues pour l'ensemble du groupe. On peut citer ainsi :

– la modestie ;
– la mobilité ;
– la motivation (les « trois M » pour certains) ;
– la proximité ;

– la fidélité ;
– le service au client ;
– le travail.

Toutes ces valeurs, que nous pourrions commenter longuement, appartiennent à notre culture mais peuvent aussi être une des composantes des valeurs exprimées plus haut.

Nous avons retenu essentiellement des valeurs « éthiques » car elles sous-tendent fortement à la fois l'efficacité opérationnelle et la qualité livrée au client, dans un métier de services répétitifs avec obligation de résultat : chaque « manquement » a des conséquences graves pour toute la chaîne de production et de distribution, et donc pour chaque acteur de l'entreprise.

Les principes de management

- La « réussite individuelle par équipe ».
- L'amélioration continue de la performance.
- Disponibilité et écoute.
- Utilisation adaptée de la délégation (contrôle) ou de la subsidiarité (responsable).
- Fonctionnement en réseau.

Commentaires de Xavier, Jean-Christophe et François

« La réussite individuelle par équipe »

1. La réussite n'est que la conséquence d'une somme d'actions individuelles : nous sommes capables de reconnaître et de valoriser la contribution de chacun dans le succès global.
2. Cela permet à des gens ordinaires de réaliser des choses extraordinaires : plutôt que de trier des pierres, nous construisons une cathédrale ; plutôt que d'engager une serviette dans une machine, nous servons un palace.
3. Elis permet ainsi à chacun de réussir professionnellement, car la structure et l'équipe en place favorisent cela.

Synthèse :

- C'est la chaîne de services qui fait notre force, il ne doit pas exister de maillon faible. Quelques maillons forts ne suffisent pas.

- Des réalisations extraordinaires sont la somme d'actes ordinaires.
- L'entreprise permet à chacun de sublimer ses talents.

« L'amélioration continue de la performance »

1. Personne ne se repose sur les résultats acquis : la volonté de faire progresser l'entreprise est présente en permanence.
2. Notre management est articulé autour du résultat et de la mesure de la performance.
3. Chacun doit rester humble face au succès : aucune situation n'est définitivement acquise et il est nécessaire de continuer à progresser (service aux clients, relations sociales...).

Synthèse :

- Recherche de progrès en permanence.
- Un management par objectifs.
- Avoir conscience que rien n'est définitivement acquis.

« Disponibilité et écoute »

1. Elis pratique un management humain de proximité : chacun est à la disposition de ses collaborateurs pour les écouter et les aider. C'est la politique de la porte ouverte, et le directeur aussi est accessible (il sert la main lors de son tour d'usine...). Nous jouons le rôle de paratonnerre : il faut décharger les tensions accumulées.
2. Les besoins du client sont bien compris : une solution ne lui est proposée qu'après avoir parfaitement analysé son attente. Les problèmes sont traités avec la rapidité d'une PME.
3. Avant tout modeste, chacun sait recueillir des avis différents avant de décider, depuis les services fonctionnels jusqu'aux autres centres. C'est la mise en réseau des compétences d'un grand Groupe.

Synthèse :

- Un management de proximité.
- Au service du client.
- Rechercher des conseils avant de décider.

« Utilisation adaptée de la délégation (contrôle) ou de la subsidiarité (responsable) »

1. Le dirigeant, quel que soit son niveau, a sur les épaules toutes les informations, les enjeux, les responsabilités, le poids des décisions : il les distribue et s'appuie sur son équipe.

2. Un bon dirigeant apportera ainsi sa contribution en mettant tout en œuvre pour que les décisions soient prises par la personne la plus proche du problème et la plus compétente (elle dispose de l'information, des idées, de l'énergie et donc du pouvoir de décider). C'est le *principe de la subsidiarité*. La contrepartie, pour assurer la cohérence de notre démarche et ne pas céder à des forces centrifuges, est que l'on partage avec son équipe une vision commune, toute décision s'inscrivant dans une même direction.
3. Pour les sujets critiques, le dirigeant peut aussi *déléguer* selon les compétences de ses collaborateurs. La délégation ainsi consentie est *contrôlée*.

Synthèse :

- La meilleure solution est souvent trouvée par la personne la plus proche du problème. Nous la laissons trouver, décider et appliquer sa solution, sous réserve qu'elle partage notre vision commune.
- Lorsque le niveau ou le type de décision le nécessite, une délégation sous contrôle s'impose.

« Fonctionnement en réseau »

1. Notre structure matricielle et l'implication des services fonctionnels permettent de multiplier les sources d'informations et d'échanges : les problèmes sont immédiatement connus et tous les échelons opérationnels bénéficient rapidement d'une expertise.
2. Un partage de l'information est devenu indispensable afin de s'adapter aux structures de nos clients : ces derniers fonctionnent de plus en plus en réseau.
3. Lorsqu'un centre ou un collaborateur est en difficulté, le reste du groupe sait se mobiliser pour lui apporter de l'aide.

Synthèse :

- De multiples sources d'informations et d'échanges. Capitaliser l'expérience.
- S'adapter au fonctionnement de nos clients.
- Un réseau d'entraide.

Commentaires additionnels des auteurs :

« Être et rester en compétition avec soi-même » : voilà l'un des secrets de l'amélioration continue de la performance ! (Ce qui est encore plus important qu'être en compétition avec les autres.)

Les priorités stratégiques

Les priorités stratégiques, indiquées par Xavier et Jean-Xavier, sont au nombre de cinq (leur caractère confidentiel ne permet pas d'en présenter une description détaillée) :

- Des objectifs de croissance géographiques et en volume.
- Des ambitions sur les gammes de services.
- Des choix de marchés.
- Des objectifs en termes d'efficacité opérationnelle.
- Attirer les talents, les professionnaliser et les faire évoluer.

Commentaires additionnels des auteurs :

Comprendre les priorités stratégiques est une façon de canaliser l'énergie du rêve.

Les plans d'actions

À décliner par pays et par centre, en corrélation avec le business plan.

Comme chaque plan d'action est la transposition, pour chaque centre, de l'expression globale de la vision, nous préférons ici seulement les évoquer.

TROISIÈME PARTIE

L'entretien d'évaluation

L'entretien d'évaluation est un moment décisif de la « transformance ». Dans la plupart des cas, il reste malheureusement un moment ponctuel pour le management, une formalité importante mais trop souvent négligée, quand elle n'est pas tout simplement bâclée ou « oubliée ». Ce moment peut au contraire être un temps fort de régulation et de construction commune ; il peut ponctuer un processus continu d'échanges réguliers et de reconfiguration entre les acteurs.

Le travail sur la vision conduit généralement a un profond changement culturel, notamment grâce à l'entretien d'évaluation. Les managers et les personnels passent alors d'une logique linéaire à une logique beaucoup plus systémique, qui se traduira chez les managers par les questions « Suis-je un bon chef ? » et « En quoi m'as-tu aidé à être un bon chef ? ». On entre ainsi dans le règne du « manager holomorphe » qui est porteur du tout, sachant que le tout est dans la partie.

La grille d'évaluation de General Electric

Comme dans le travail réalisé avec Alain Godard (voir *Engagements, Espoirs, Rêves*, déjà cité), l'alignement entre la vision et les principes et actes de management a porté, en premier lieu, sur la façon dont les personnels allaient être évalués. La grille développée par General Electric a été reprise afin d'évaluer les cadres en fonction de l'atteinte des résultats selon deux axes : les valeurs de l'entreprise et les résultats économiques. En reprenant cette grille, l'idée était de refléter les valeurs, l'ambition et la vocation de la vision de l'entreprise dirigée par Philippe Bernard. Cette grille est illustrée à la Figure 3.1 (le premier cadran évoque la « personne remerciée » – pour sourire, on dit aussi que c'est celui qui a embauché cette personne qui est remercié !) :

- Cadran 1 : les résultats et les valeurs ne sont pas respectés.
- Cadran 2 : les résultats ne sont pas respectés, mais les valeurs le sont : une deuxième chance est donnée au manager.
- Cadran 3 : les résultats et les valeurs sont respectés : bravo !
- Cadran 4 : les résultats sont atteints mais les valeurs ne sont pas respectées, la personne est remerciée.

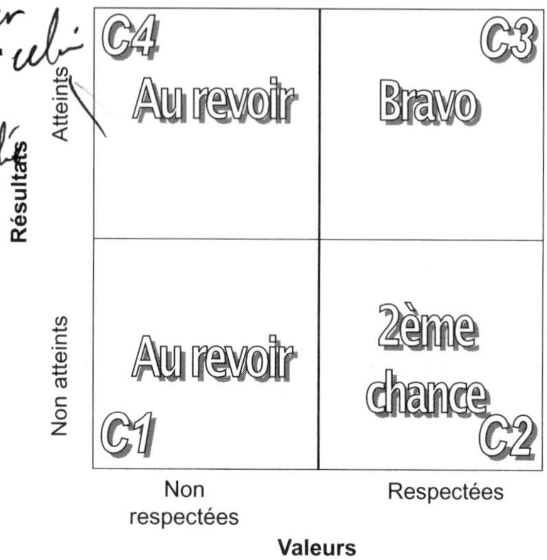

3.1 Alignement avec le travail sur la grille d'évaluation chez GE

Avec l'entretien d'évaluation, nous nous trouvons au cœur d'un sujet difficile, souvent faussement résolu par l'existence d'une procédure interne dont l'application administrative donne bonne conscience. Tel qu'il est décrit et expliqué dans cet ouvrage, l'entretien annuel prend une autre dimension qui nécessite à la fois courage et modestie.

Je sais que tous les membres de notre équipe qui ont respecté l'approche « profonde » en ont bien sûr retiré des informations plus riches, mais surtout des enseignements importants qui ont entraîné des modifications de comportement. Après sa première expérience de l'entretien « profond », l'un d'entre nous a ainsi déclaré : « Quand je reçois six de mes managers en entretien et que chacun me fait la même observation sur un aspect de mon comportement, comment pourrais-je ne pas en tenir compte ? »

L'entretien a pour objet de faire la synthèse entre la prise en compte des objectifs stratégiques de l'entreprise, exprimés dans la vision, et des aspirations individuelles de chaque participant : il permet donc, dans ce contexte où la vision est « partagée », de vérifier si le couple chef/subordonné présente une complémentarité qui fonctionne en harmonie avec les attentes réciproques. L'entretien n'a de sens que s'il est un moyen de valider l'alignement évoqué plus haut, qui lui-même est le garant d'une pérennité actualisée, et non figée, de la vision. C'est un ajustement mutuel nécessaire à entreprendre régulièrement (un intervalle d'un an est un bon rythme) ; en outre, il est déconnecté de toute négociation sur la rémunération.

Sans trahir de secrets, j'ai trouvé enrichissante ma propre expérience de cette nouvelle pratique avec la plupart de mes collaborateurs directs : ils ont parfaitement et sportivement accepté de respecter la règle du jeu. Le questionnaire que nous avons construit est un bon support de dialogue : privilégier le client, faire fructifier les valeurs de l'entreprise et développer les talents sont les trois chapitres qualitatifs retenus. Chacun de ces thèmes permet assez facilement de s'ajuster mutuellement et de mesurer le degré de contribution de chacun.

J'ajoute enfin que cette démarche a le grand intérêt de fonctionner en « face à face ». Je suis personnellement beaucoup plus sceptique concernant l'exercice appelé « 360° », qui consiste à donner aux collaborateurs un questionnaire qu'ils doivent remplir seuls et par écrit, à l'intérieur duquel on trouve des questions plus ou moins directes sur l'appréciation de sa hiérarchie : l'absence de face à face est une situation moins « courageuse » et, partant, plus suspecte.

Les enjeux de l'entretien d'évaluation

Nous pouvons repérer au moins dix enjeux présents dans un entretien d'évaluation. Cinq d'entre eux sont généralement bien identifiés par les managers : on parlera d'enjeux « classiques ». *A contrario*, cinq autres, beaucoup plus « profonds », sont beaucoup moins connus des responsables. Le Tableau 3.1 reprend ces deux types d'enjeux.

Tableau 3.1 : Tableau récapitulatif des enjeux de l'entretien d'évaluation

Enjeux classiques, bien identifiés	Enjeux profonds, mal connus
1. Le bilan de l'année écoulée. 2. L'attribution d'un bonus. 3. Les objectifs de l'année à venir. 4. Les moyens à mettre en œuvre. 5. Les perspectives d'évolution.	1. La reconnaissance. 2. L'entretien d'évaluation en fonction du stade de développement de l'équipe. 3. L'articulation des trois dimensions : inclusion, contrôle, ouverture. 4. La construction du « système » superviseur-collaborateur : l'alliance. 5. La construction de l'holomorphisme.

Nous nous proposons, après une brève évocation des enjeux classiques, de creuser ce qui se joue dans les enjeux que nous nommons « enjeux profonds ».

Bien plus qu'une « évaluation », l'entretien d'évaluation est l'espace-temps dans lequel se construit le « corps » de l'intelligence collective : les identités des acteurs ; le système relationnel ; l'alliance autour de visions partagées ; l'incarnation des valeurs et des principes de management.

Enjeux classiques des entretiens d'évaluation

La plupart des entretiens d'évaluation couvrent les cinq enjeux indiqués dans le tableau. Ils sont plus ou moins associés à l'intérieur de la même séance, et parfois séparés. Il est souvent conseillé de ne pas traiter le même jour l'évaluation proprement dite de l'année et l'attribution des bonus : on évite ainsi de faire l'amalgame entre l'évaluation de la performance et de l'ensemble des comportements, et la sanction positive qui y est attachée.

Par ailleurs, un entretien bien conduit vise également, au-delà du bilan de l'année passée, à définir ensemble, avec les collaborateurs, les objectifs de l'année à venir et, en fonction de ces objectifs, à mettre en place des moyens de formation et des éléments de soutien, ainsi que les projets divers qui rendront possible la mise en œuvre de ces objectifs. Par ailleurs, la mise en perspective d'une évolution pour le collaborateur et son plan de carrière est tout à fait stimulante dans la plupart des cas.

Nous ne développerons pas ici ces cinq enjeux ; ils ne sont pas nouveaux et sont bien décrits dans d'autres ouvrages de formation. En revanche, un certain nombre d'enjeux profonds qui nous semblent méconnus sont en réalité très importants, s'ils sont bien traités : non seulement ils contribuent à la construction de l'identité des acteurs de l'entreprise et à la création de lien, mais aussi au déploiement de la motivation et, par conséquence, au développement de l'intelligence collective par ce travail identitaire, individuel et collectif.

Enjeux profonds

La reconnaissance[1]

a. Les signes de reconnaissance

En analyse transactionnelle (AT) existe une théorie, trop méconnue en entreprise, sur le besoin fondamental de reconnaissance (voir les types de signes de reconnaissance à la Figure 3.2) pour la personne dans sa vie personnelle comme professionnelle. Il s'agit d'une véritable survie psychologique, voire physique, pour l'individu, au même titre que la nourriture ou les vêtements. Et l'on peut apprendre à sortir de la pénurie traumatique de signes de reconnaissance (*strokes* en anglais), à éviter autant que possible les signes de reconnaissance négatifs (encore qu'ils soient préférables à l'absence totale de signes de reconnaissance) et à échanger des signes de reconnaissance positifs d'une façon prépondérante, pour créer un environnement de confiance. Il importe aussi de pouvoir donner des signes de reconnaissance conditionnels pour le processus d'apprentissage et l'évaluation des performances (voir la Figure 3.3).

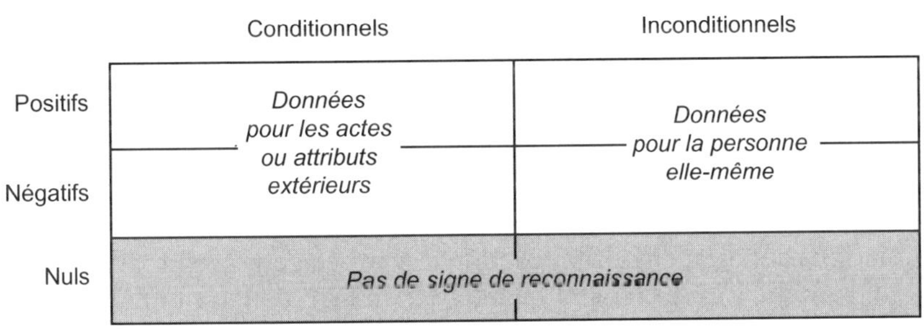

3.2 Les signes de reconnaissance

1. Cette partie est très largement empruntée au livre *Engagements, espoirs et rêves*, *op. cit.*, p. 159.

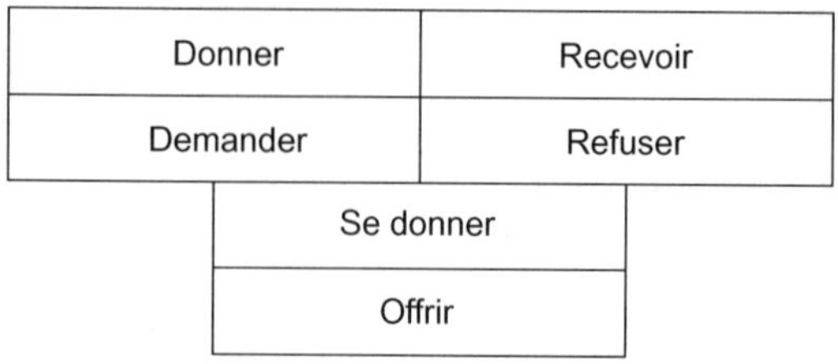

3.3 Le processus d'apprentissage et l'évaluation des performances

b. L'économie des signes de reconnaissance

Un véritable entraînement peut permettre à une personne de découvrir où elle est bloquée dans son « économie » de signes de reconnaissance. Par exemple, certains responsables savent « donner » du négatif mais pas du positif. On entend couramment la phrase suivante : « Moi, en tant que patron, quand le boulot est bien fait, je n'ai rien à dire !... Mais quand ça ne va pas, alors là j'interviens ! » À votre avis, que feront les collaborateurs en manque de signes de reconnaissance ? Plutôt que de n'avoir pas de reconnaissance conditionnelle (pour ce qu'ils ont fait) ou inconditionnelle (pour le fait qu'ils existent dans le regard de leur patron, qui le leur rappellerait de temps à autre en leur signifiant qu'ils sont importants pour lui), ils iront chercher des signes de reconnaissance négatifs en posant des problèmes ou en créant des situations conflictuelles. Ma réaction devant ce genre de propos est de souligner que c'est justement quand tout va bien qu'il est important de le dire, conditionnellement – « Bravo pour vos résultats et votre travail ! » – et inconditionnellement – « J'apprécie le fait de travailler avec vous, de vous avoir dans l'équipe, etc. ». Ce qui pourrait passer pour de la « pommade » est au contraire une façon d'entretenir de bonnes relations, à condition que ce soit sincère et non « inflationniste », bien sûr, et d'établir une culture et des croyances relationnelles qui s'appuie sur l'abondance, le positif, la célébration du fait d'être ensemble, le travail et le plaisir. Comme disent les Américains, « il faut du *fun* pour du *soft* ».

Si certains peuvent donner du positif mais pas du négatif, d'autres, à l'inverse, peuvent donner ou recevoir du négatif, mais pas du positif. Il est très important de pouvoir donner du négatif conditionnel chaque fois que c'est approprié, et pas seulement lors de l'entretien annuel d'évaluation ; à condition de veiller à donner souvent et davantage de positif, cela rend l'acceptation du négatif plus facile. D'autres encore ne peuvent pas recevoir de signes de reconnaissance : cela est très frustrant et dénote souvent une structure rigide chez la personne. Celle-ci a non seulement du mal à être proche de ses sentiments et des autres, mais elle vit souvent un manque et le fait payer par des comportements de persécuteur ou de sauveteur (en s'occupant des autres de façon déresponsabilisante) ; l'analyse transactionnelle décrit très bien cela.

Notre expérience avec de très nombreux groupes de développement personnel, de formation et de team-building nous a montré que bien peu de responsables ont identifié clairement ces besoins, et encore moins appris à les traiter pour eux-mêmes et pour les autres. Cette expérience nous a aussi montré qu'il est possible, en un temps relativement court, avec des explications et quelques exercices appropriés, de faire faire un saut qualitatif majeur à un groupe s'il intègre cette notion dans sa culture. En tout cas, cette notion est pour nous indispensable dans la construction d'une identité managériale qui veut se libérer du complexe de la langouste et acquérir une sécurité ontologique (« être ok », comme nous disons en analyse transactionnelle).

c. L'abondance

L'économie des signes de reconnaissance est régie par trois croyances, comme nous le voyons à la Figure 3.4 : la rareté, le contrôle et l'abondance.

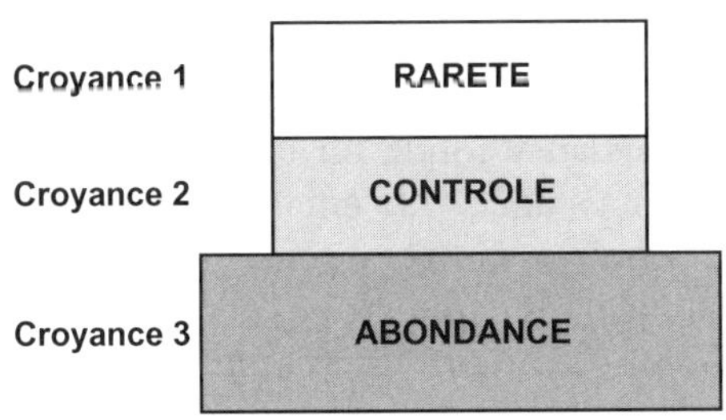

3.4 Les trois croyances

Ma responsabilité d'accompagnateur du changement (dirigeant ou coach) n'est-elle pas d'assurer une économie d'abondance de signes de reconnaissance ?

Sans que nous en ayons conscience, nous nous trouvons le plus souvent dans une économie de rareté ou de contrôle. Dans une économie de reconnaissance fondée sur la rareté, les signes de reconnaissance sont rares. On ne se dit pas bonjour, le souci d'inclusion des acteurs existe peu, et les personnes n'ont pas le sentiment d'exister les unes pour les autres. C'est un cas très fréquent en entreprise, et malheureusement très fâcheux, car cette situation mobilise très peu l'énergie et les personnes ne s'y sentent ni reconnues, ni intégrées, ni engagées. En outre, cette situation de manque génère le plus souvent des malaises qui sont fréquemment la cause directe de comportements déviants : conflits, jeux, rackets (= parasitages) émotionnels. Cela peut engendrer des comportements de passivité, et jusqu'à l'agitation et la violence (grève, destruction de matériel…) ; le seul but, souvent largement inconscient, est alors d'être reconnu et d'exister.

Une économie régie sous le mode du contrôle est évidemment nécessaire de façon à encourager les comportements « positifs » et à sanctionner négativement les comportements « négatifs ». Cependant, une économie qui comporterait uniquement des signes de reconnaissance organisés autour du contrôle risquerait d'être très insuffisante en ce qui concerne les besoins profonds des individus, parce qu'organisée autour d'une dynamique de motivation exogène : les personnes ne seraient motivées que par l'action extérieure de la hiérarchie et un jeu de reconnaissance « conditionnelle », c'est-à-dire autour de la seule production… La personne serait reconnue pour ce qu'elle « fait » mais jamais pour ce qu'elle « est ». D'où la limite de ce mode de reconnaissance.

Sans évidemment renoncer au « contrôle », la vie de l'entreprise, comme la vie sociale en général, gagne infiniment à s'accomplir dans un mode de reconnaissance fondé sur la croyance de « l'abondance » des signes de reconnaissance. En effet, comme l'enseigne l'analyse transactionnelle, certaines cultures permettent et comportent, dans leur mode d'existence, une ouverture permanente à l'échange de signes de reconnaissance conditionnels et inconditionnels, et tout particulièrement de signes de reconnaissance positifs inconditionnels. Dans ces cultures, on peut être proche des autres, comme de soi-même et de ses émotions ; le contact physique – toujours délicat en entreprise, où il peut être mal compris et déplacé – n'est pas exclu (prendre quelqu'un dans ses bras, ou la pratique du *hug* à l'américaine, etc.) ; enfin, les acteurs éduqués à ces pratiques, sans verser dans une inflation émotionnelle, échangent librement et spontanément des signes de reconnaissance. Ils ont appris à en donner et à en recevoir, ce qui est plus difficile. Ils ont appris à en demander. Ils savent refuser des signes de reconnaissance qui risquent de renforcer leurs scénarios et leurs comportements pathologiques, et ils savent également se donner eux-mêmes des signes de reconnaissance en cas de manque. Les équipes qui ont introduit cette culture dans leur fonctionnement connaissent des capacités de ressourcement et de mobilisation de leur énergie considérables.

L'énergie générée par cette croyance, et la motivation qui en découle, conduisent les acteurs à se sentir plus volontiers en confiance et à co-construire ensemble une plus grande estime de soi. Ce mode d'interaction permet d'installer ce que nous appelons l'« alliance des princes ». En d'autres termes, il s'agit de mobiliser en chacun, et dans les relations interindividuelles et collectives, cette partie de nous-même qui est la plus positive : le « prince » ou la « princesse » qui est en nous, au-delà de nos défenses profondes et de notre « masque ».

Le responsable en entreprise est à la fois « objet de production » relativement remplaçable dans sa fonction et « sujet en croissance » en tant que personne unique, et donc par définition irremplaçable. Deux polarités irréductibles l'une à l'autre : la poule et les œufs d'or.

d. L'anthropologie

La reconnaissance de la personne suppose une certaine représentation de l'identité, en d'autres termes, un modèle d'anthropologie managériale. Ce modèle[1], illustré à la Figure 3.5, présente six niveaux qui sont autant de niveaux identifiés pour le travail du coach : il permet de repérer à quel degré de profondeur de la personne on fait appel et quel est le degré de changement correspondant. Les niveaux – 1, 0 et 1 sont observables de l'extérieur, alors que les niveaux 2, 3 et 4 ne le sont pas. Ils sont cependant révélés par les premiers niveaux.

Le « degré – 1 » est le plus extérieur ; nous l'appelons « l'environnement de la personne ». Avec lui, nous travaillerons donc sur les politiques de l'entreprise, les structures, les systèmes, les macrocompétences, les styles et la culture de l'entreprise. Tout cela affecte bien évidemment l'identité du manager, sans lui être spécifiquement propre. En

1. Ce modèle a déjà été abordé dans *Engagements, espoirs et rêves*, *op. cit.*, et mérite d'être complété par l'article sur le développement du dirigeant (juin 2002), en annexe de l'ouvrage *Les responsables porteurs de sens*, *op. cit.*

Structure la plus profonde	Structure profonde de la personne	Les attitudes	Les comportements managériaux	La fonction de la personne	L'environnement du manager
Le prince Toujours à développer	Système de défense et ses blessures Son histoire Son inconscient Ses émotions Son corps	Croyances Valeurs Systèmes de représentations	Style de management Ecoute Communication Capacité de travail en groupe/ Protection/permission Donneur d'ordre Responsable ressource Porteur de sens	Description de fonction : - Mission - Espace - Budget - Moyens	Stratégie Structures Systèmes
4	3	2	1	0	-1

INTERNES (invisibles) — EXTERNES (observables)

3.5 Les 6 niveaux identifiés pour le travail de coach

travaillant sur ces différents niveaux ou degrés, nous pouvons agir sur l'identité managériale individuelle.

Le « degré 0 » correspond à l'enveloppe spécifique et unique de l'identité managériale ; c'est ce que nous appelons la « description de fonction » (*job description*). Cette enveloppe identitaire contient habituellement un titre, une place dans un organigramme, la définition de budgets, une lettre de mission, des objectifs, et souvent l'ensemble des ressources et des territoires propres à la fonction. À l'évidence, modifier cette description implique un changement pour le manager. La façon dont il s'approprie ces éléments et les déploie jouera considérablement sur son identité.

Le « degré 1 » correspond à ce que nous appelons les « comportements ». Nous mettons à ce niveau tout ce qui concerne la communication, avec ses deux vecteurs. Premièrement, tout ce qui va de la personne vers l'extérieur : sa capacité d'expression orale, son degré de transparence, sa capacité à établir le contact avec les autres, le management baladeur. Deuxièmement, tout ce qui constitue sa capacité d'accueil des autres : son écoute, principalement, sa disponibilité, son ouverture au changement, sa capacité à se remettre en cause. On peut également ajouter tout ce qui compose le style de management de la personne. En analyse transactionnelle, on parlera de sa capacité à établir des règles de jeu claires et à jouer un rôle directif (le Parent Normatif) ; de sa capacité à être force de soutien et de permission (le Parent Nourricier) ; de sa capacité à rester stable au niveau rationnel face aux situations et de sa compétence technique (l'Adulte) ; enfin, de ses qualités de création, d'adaptation et de réaction (l'Enfant).

Le « degré 2 » correspond aux « attitudes ». Il s'agit principalement de ce que nous appelons les croyances, les valeurs et les « systèmes de représentation ». Par croyances, nous entendons des décisions plus ou moins conscientes chez la personne, héritées et introjectées[1], venant de figures parentales, de la famille ou de l'entreprise, et/ou de décisions élaborées à partir d'expériences positives ou négatives. Ces croyances concernent soi-même, les autres et le monde. Pour le manager, elles concerneront plus particulièrement la façon dont il perçoit consciemment ou non le monde de l'entreprise. Elles détermineront ses « positions de vie[2] » et tout son positionnement par rapport à la confiance en lui-même et aux autres.

Les valeurs en général sont en lien avec ces croyances et, là encore, sont plus ou moins explicites. Elles appartiennent à l'entreprise et/ou à la personne et peuvent être sources de contradictions continuelles.

Les systèmes de représentation sont constitués d'un ensemble de théories ou de schémas mentaux souvent largement inconscients qui permettent à la personne de se représenter le monde du management, sa culture et les différents processus de la vie de l'entreprise. Un des aspects essentiels du changement et du coaching vise précisément à prendre conscience de ces systèmes de représentation et à les modifier pour obtenir des « cartes » plus conformes à la réalité du territoire. Dans le management actuel, un des enjeux majeurs est justement l'entraînement des responsables à la compréhension des systèmes relationnels et des représentations nécessaires pour passer du « compliqué » au « complexe ».

Nous avons choisi les termes de degré 1 et degré 2 pour rejoindre la formulation propre aux systémiciens, lesquels distinguent ces deux niveaux très précisément : le niveau 1 correspond à un changement « extérieur » et à un meilleur contrôle et comportement ; le niveau 2 comprend un changement de représentation du monde, voire de sa propre identité. Il s'agit ainsi d'un niveau de changement d'un autre ordre, beaucoup plus profond. Rappelons la métaphore du dormeur qui rêve. Dans son rêve, il vit toute une sorte de changement de comportement (changement de type 1). Lorsque d'un seul coup il se réveille, il prend de la distance par rapport à son rêve, avec lequel il ne s'identifie plus (changement de type 2).

Au « degré 3 », nous incluons tout ce qui constitue la structure psychologique profonde de la personne : la structuration de son psychisme dans la petite enfance, son inconscient, ses émotions archaïques, les

1. On appelle *introjection* le mécanisme suivant lequel la personne intériorise dans son psychisme des personnages de son histoire.

2. En analyse transactionnelle, on appelle *position de vie* le concept suivant lequel la personne se définit dans son rapport à l'autre. Je suis OK, plus ou moins, et l'autre est OK, plus ou moins.

tensions corporelles inconscientes, sa constellation familiale et plus particulièrement les figures parentales, etc. Cette partie de la personne, évidemment centrale, est cependant une zone de la personnalité à laquelle on n'a ni les moyens ni le droit de toucher directement en entreprise. Elle fait partie d'un domaine réservé que ni le manager, ni le superviseur, ni le formateur ou coach extérieur ne sait toucher directement. Comment faire alors pour créer les conditions d'un changement qui, très souvent, est fossilisé ou anesthésié, gelé à ce niveau ?

Heureusement, l'anthropologie dans laquelle nous fonctionnons comprend un autre degré plus profond encore que les précédents, et que nous appelons le prince, ou la princesse (« degré 4 »). Inspiré notamment par les théories de la psychologie humaniste, nous pensons, avec J. Pierrakos (cofondateur avec A. Lowen de l'analyse bioénergétique) qu'il existe un soi positif au cœur de tous les systèmes de défense, et avec Eric Berne (fondateur de l'AT) qu'il existe un prince derrière la grenouille (cette partie de nous-mêmes que nous vivons comme blessée et enfermée dans nos névroses ou nos défenses). Ce niveau du prince peut se distinguer encore en deux niveaux :

1. Le niveau « humaniste » : la partie positive de nous-mêmes dont nous pouvons avoir conscience émotionnellement.
2. La dimension spirituelle de nous-mêmes (pour ceux qui croient en un au-delà du visible, quelle que soit l'appartenance confessionnelle), qui peut être en contact avec le divin.

Nous n'entrerons pas dans une définition plus précise de ces deux dimensions, qui dépasserait le cadre du livre. En revanche, le propos de cet ouvrage est, grâce à notre expérience dans l'accompagnement de milliers de personnes et notamment de nombreux dirigeants, d'affirmer notre conviction : à savoir que regarder l'autre avec le souci de croire et de faire confiance à cette partie positive comme étant la plus profonde de l'individu, permet de mobiliser ou de créer les conditions dans lesquelles la personne va elle-même mobiliser chez elle une énergie potentiellement infinie.

Certains appelleront cette attitude « l'effet Pygmalion » utilisé en psychopédagogie, tandis que d'autres, à l'instar de Maurice Zundel[1] ou de Bertrand Martin[2], parleront de « l'Homme possible ». Pour nous, cette activation chez l'autre n'est possible que si, en tant que managers

1. Maurice Zundel : prêtre catholique suisse ayant vécu au 20e siècle et qui a laissé un enseignement théologique et anthropologique de premier ordre.
2. Voir *Oser la confiance*, *op. cit.*

ou accompagnateurs du changement, nous sommes en contact avec cette partie de nous-mêmes – seule condition de la rencontre, par empathie et démarche de confiance, de cette partie de l'autre. Le travail de reconnaissance vise en réalité à créer les conditions de ce qui va aboutir à l'alliance des princes. C'est cette alliance potentielle entre les acteurs qui permettra des changements, que les différents systèmes de défense ou les blocages des niveaux précédents auraient pu rendre impossibles sans ce niveau de lecture.

e. L'alliance des princes

Comme l'illustre la Figure 3.6, la reconnaissance peut conduire à ce que nous appelons « l'alliance des princes », qui vise à identifier chez l'autre cette partie positive, acceptée et reconnue inconditionnellement. Cela ne signifie pas pour autant que la personne soit acceptée sans condition dans tous les autres niveaux de sa personnalité, et l'on parlera alors de signes de reconnaissance conditionnels qui ne sont pas toujours accordables : tel élément de son comportement, de la façon dont elle gère son poste, telle attitude peuvent être sujets à critique et à changement.

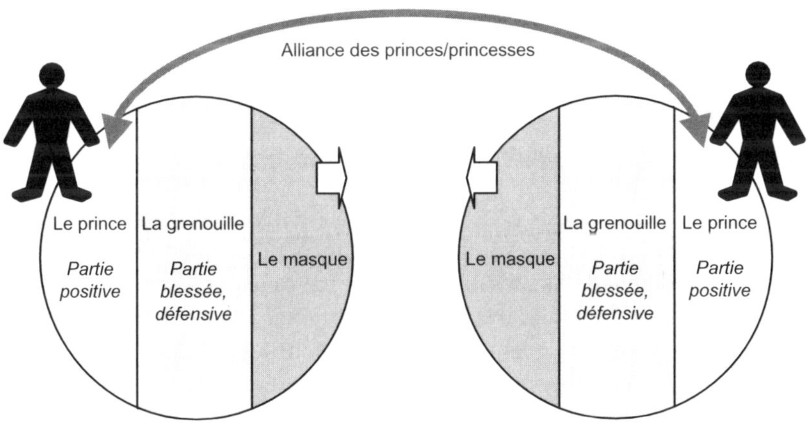

3.6 **Les trois couches de la personnalité**[1]

L'alliance des princes comporte évidemment un partage des représentations et une capacité permanente des acteurs non seulement à communiquer mais à « métacommuniquer » (communiquer sur la

1. Schéma repris de l'ouvrage *Engagements, espoirs et rêves*, *op. cit.*, p. 158.

communication). Cette notion d'alliance repose principalement sur trois éléments, en plus de la reconnaissance des princes : premièrement, un accord sur la finalité ; deuxièmement, un accord relatif sur la nature de la relation ; troisièmement, un accord relatif sur la tâche commune ou les tâches respectives, que nous nommerons le *business model.*

On voit bien que la notion d'alliance est beaucoup plus qu'un simple contrat juridique : elle comprend des éléments tels que l'« *intuitu personae* » ou l'« *affectio societatis* », qui sont autant d'éléments affectifs et émotionnels. La reconfiguration permanente des visions, positionnements et enjeux pour les acteurs (ce que nous appelons la *transformance*) suppose qu'il y ait alliance entre les acteurs pour l'intelligence collective. L'indicateur et le critère spécifique de cette notion d'alliance nous paraissent bien indiqués par le psychanalyste Greenson : selon lui, il y a alliance seulement lorsque les partenaires sont capables de vivre un haut degré de frustration sans remettre en cause la relation.

L'entretien d'évaluation en fonction du niveau de l'équipe

La situation de l'entreprise reste toujours ambiguë, car elle doit offrir un espace de création de valeur tout en étant un lieu de construction identitaire des acteurs : l'un « par » et « pour » l'autre.

En nous aidant de la Figure 3.7, nous identifions trois niveaux de développement de l'équipe. Au premier niveau, qui correspond au stade de la « collection d'individus » et est peu ou prou le niveau le plus fréquent en entreprise, l'entretien d'évaluation est un acte de management vécu dans le paradigme de la causalité linéaire. Ce niveau n'est pas négatif en soi : il correspond en fait au stade de l'excellence, où les acteurs peuvent se trouver au sommet de leur compétence technique. Mais sur le plan de la relation, même s'ils ont été formés à l'écoute, à l'entretien d'évaluation les plus sophistiqués, voire même à l'AT et à la notion de reconnaissance, ils peuvent vivre ce niveau selon une logique de « l'entreprise mécanique », où le superviseur est en dehors du bocal et évalue le manager, éventuellement avec beaucoup d'attention et de bienveillance.

Si les acteurs ont identifié la dimension systémique de leurs relations, ils sont passés au stade dit du « groupe solidaire » où, au-delà de leur « excellence » technique, les acteurs ont conscience de la dimension systémique de leurs relations et de leurs fonctionnements selon le mode de causalité circulaire. Le superviseur a une responsabilité vis-à-vis du développement du collaborateur et, curieusement, le collaborateur a

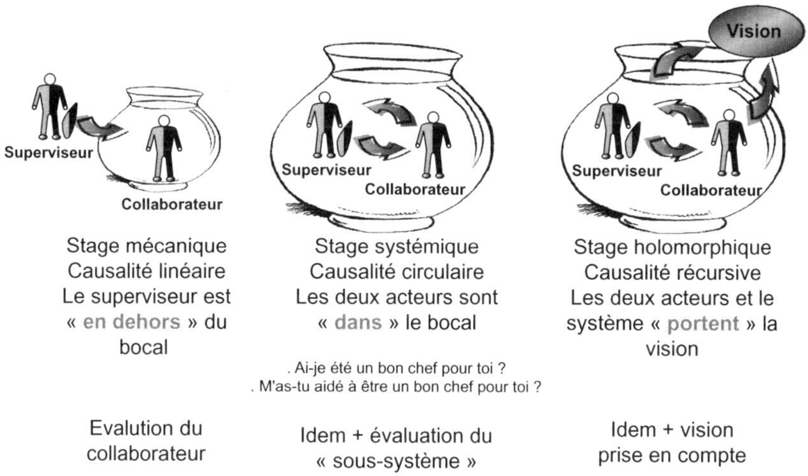

3.7 L'entretien d'évaluation selon la logique mécanique, systémique puis holomorphique

une responsabilité sinon égale, du moins en parité du développement de son superviseur. Cette dimension systémique de la relation situe l'évaluation du collaborateur dans un ordre supérieur.

Il conviendra notamment de garder le mode d'évaluation du stade précédent en l'enrichissant de deux questions fondamentales. L'une sera posée par le superviseur : « Est-ce que j'ai été un bon superviseur pour vous ? », l'autre par le collaborateur : « Est-ce que je vous ai aidé à être un meilleur superviseur ? » Tout en évaluant en définitive le collaborateur, les deux acteurs du système métacommuniquent ainsi et prennent ensemble la responsabilité de leurs relations.

Au troisième stade, que nous nommons « stade de l'équipe performante », l'entretien d'évaluation évolue lui aussi vers ce que l'on appellera le mode holomorphique : l'évaluation du collaborateur est incluse dans l'évaluation du système qu'il forme avec son superviseur, et ce système est lui-même porteur, pour une part spécifique et déterminée, des enjeux de l'entreprise. La représentation de ce fonctionnement suppose une causalité récursive : le système est dans l'entreprise, et l'entreprise est dans le système. Cette cellule vivante porte le code génétique de l'entreprise – ses enjeux, ses valeurs, sa culture, ses actions. À ce stade, il conviendra de compléter l'échange entre le superviseur et le collaborateur par les questions suivantes : « Est-ce que notre mission telle que nous nous la représentons est bien incluse dans celle de l'entreprise ? » ;

« Notre système est-il vraiment un hologramme de l'ensemble de l'organisation ? »

Il est rare de rencontrer une entreprise qui distingue ces trois niveaux de développement. Dans le cas d'Elis, nous avons tenté de formuler le mode de fonctionnement de l'entretien d'évaluation dans ces termes, et nous avons pu mesurer à quel point cela obligeait les acteurs à un autre mode de communication. Cela a également montré à quel point une construction identitaire individuelle et collective est nécessaire pour créer la fluidité que l'on souhaite dans l'intelligence collective.

L'inclusion, le contrôle, l'ouverture

L'entretien d'évaluation est le lieu de travail par excellence sur les trois dimensions de toute relation interindividuelle ou collective définies par Will Schutz (voir les figures 3.8 (a) et 3.8 (b)) : l'inclusion, le contrôle et l'ouverture. Nous décrirons ces dimensions plus en détail dans la dernière partie sur l'identité. Indiquons simplement que :

- *L'inclusion* vise à créer, entre les deux acteurs concernés, le sentiment de reconnaissance, puis d'appartenance, puis d'engagement et enfin de mise au service de soi pour le bien commun. Cela suppose que les deux acteurs se reconnaissent comme importants pour eux-mêmes et pour l'autre, là encore dans une dimension intrapsychique et systémique.
- *Le contrôle* vise à définir le leadership et ses conditions, c'est-à-dire les « règles du jeu ». C'est une étape incontournable pour que les acteurs puissent contribuer en sécurité à la création de valeur. Pour cela, ils doivent se reconnaître mutuellement comme compétents, par rapport aux divers aspects de leur compétence, à la fois technique et managériale.
- *L'ouverture* consiste dans la capacité des acteurs à être proches d'eux-mêmes et entre eux. C'est la condition pour qu'ils puissent aborder et traiter les problèmes à résoudre. Pour cela, ils doivent reconnaître en eux-mêmes et entre eux une certaine « amabilité » et une certaine valeur, faute de quoi ils ne pourront pas accepter leurs points faibles, dire leurs peurs et leurs besoins.

On peut voir ainsi à quel point l'entretien d'évaluation est un lieu privilégié – il ne doit évidemment pas être le seul – pour construire ou développer la relation entre le collaborateur et son superviseur. Les trois dimensions définies par Schutz représentent des enjeux très spécifiques dont l'importance est souvent identifiée, mais la façon de les traiter est trop souvent plus qu'insuffisante.

Dans le travail sur le modèle de Schutz, il convient d'intégrer à la fois la dimension intrapsychique personnelle (je suis important et compétent à mes propres yeux), la dimension systémique (l'autre est important et compétent à mes yeux) et enfin la dimension récursive et holomorphique (je constate que l'autre se reconnaît important et compétent dans le regard que je porte sur lui). Le développement au travers d'exercices d'inclusion, de contrôle et d'ouverture se fait aussi bien sur la dimension de production (*homo faber*) que sur la dimension relationnelle (*homo amans*), ou encore sur le bien commun et la communion (*homo patiens*). On constate que les personnes ne développent leur propre sécurité ontologique que dans la mesure où elles intègrent ces trois dimensions (*faber*, *amans*, *patiens*).

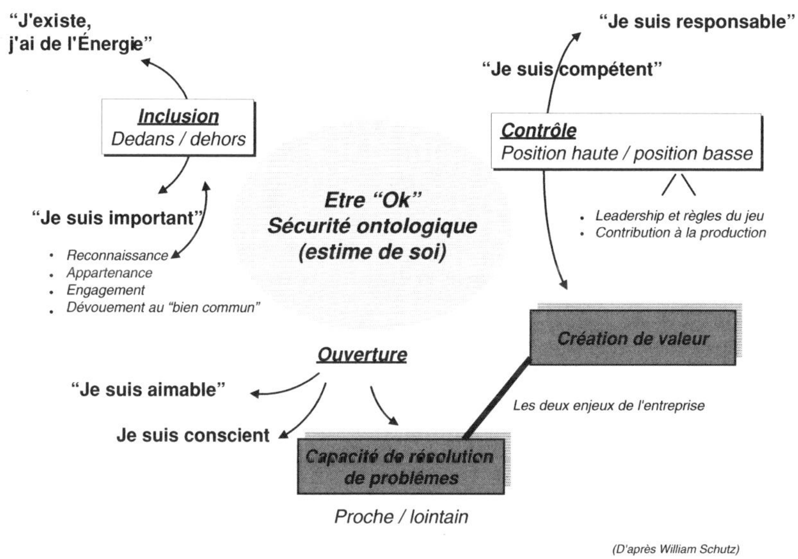

3.8 (a) L'entretien d'évaluation revisité au travers des processus de Schutz

Les enjeux de l'entreprise et des acteurs	Création de valeur et capacité de résolution de problème		
Les dimensions de relation	Inclusion	Contrôle	Ouverture
Les enjeux	Dehors/dedans	Position haute/basse	Proche/lointain
Conséquences et résultats	*1. Reconnaissance 2. Appartenance 3. Engagement 4. Dévouement au "bien commun"*	*1. Leadership et régles du jeu 2. constribution à la production*	*1. Capacité à aborder le non-dit 2. Oser nommer les besoins, les peurs et les problèmes*
Croyance	Important	Compétent	Aimable
Conséquences	J'existe	Je suis responsable	Je suis conscient

3.8 (b) L'entretien d'évaluation revisité au travers des processus de Schutz

Le sous-système superviseur-collaborateur : construction de l'alliance

L'entretien d'évaluation est certainement le lieu privilégié pour établir, fortifier, reconfigurer l'alliance (voir Figure 3.9) entre les acteurs – nous avons abordé les conditions de l'alliance à la section intitulée « L'alliance des princes ». Entre eux, les acteurs attribuent une priorité souvent différente à ces trois composantes. Par ailleurs, l'évolution des circonstances extérieures fait émerger des besoins, des différences, des résistances, des malentendus qui risquent de se transformer en conflits et frustrations. L'alliance se doit d'être entretenue comme une plante que l'on arrose. Elle reste vulnérable comme la confiance, et nécessite un soin constant ainsi que des régulations de la part des acteurs, d'où le travail identitaire des acteurs sur eux-mêmes, sur leurs ego et sur les trois dimensions de la relation : inclusion, contrôle et ouverture.

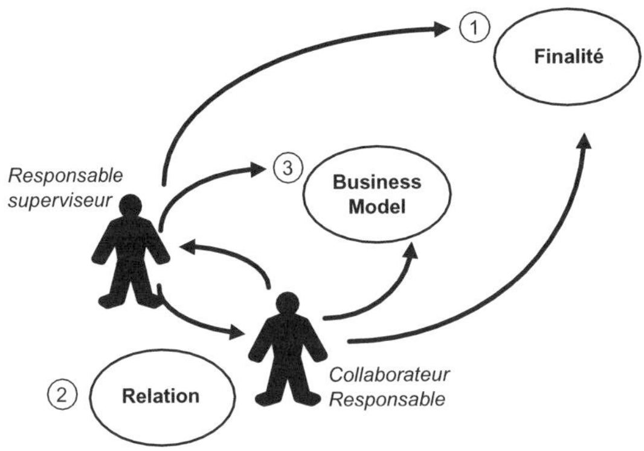

3.9 L'entretien d'évaluation et la construction de l'alliance

La construction de l'« holomorphisme »

Au stade ultime, l'identité des acteurs peut atteindre, dans une organisation performante dont l'intelligence collective s'est vraiment développée, une dimension « holomorphe » (voir Figure 3.10). Cela signifie que chacun des acteurs se sent responsable du « tout » de l'entreprise.

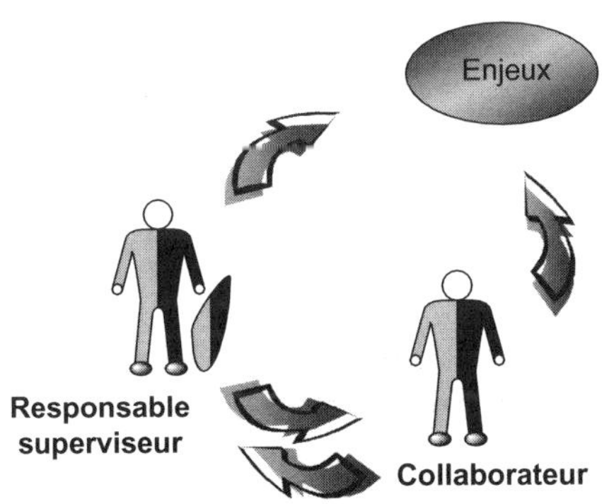

Les acteurs et le système portent les enjeux globaux à travers les enjeux locaux...

3.10 L'entretien d'évaluation et la construction de l'holomorphisme

La fiche d'entretien d'évaluation annuel d'Elis

Dans le cas d'Elis, le travail spécifique sur la vision (dans ses cinq dimensions : élaboration, déploiement, alignement, exemplarité, accompagnements) a donné plusieurs résultats :

- Il a permis un *déploiement* auprès des 80 centres de profits (soit 11 000 personnes concernées).
- Plus spécifiquement, il a conduit à adopter une nouvelle approche de l'entretien d'évaluation.
- Les dirigeants principaux se sont engagés en matière d'*exemplarité :* avec leur président Philippe Bernard, ils ont tous utilisé la grille d'évaluation mise en place.
- Enfin, chaque action de changement dans la logique de déploiement de la vision a été *accompagnée* par les directeurs de régions.

M. En fonction dans le poste de : Au sein de l'établissement : Depuis le : Âge : Date d'entrée dans l'entreprise : Date de l'entretien :

Porter les ambitions et contribuer individuellement à la réussite collective de l'entreprise : analyse quantitative

Explication des écarts :

Il s'agit d'analyser le niveau des performances enregistrées. Le niveau d'une performance pouvant, en effet, être dû à diverses causes, il convient de bien distinguer, pour chacun des objectifs ou tâches, ce qui revient aux unes et aux autres. Ce peut être, à titre d'exemple, le contexte et les circonstances économiques, techniques... (une évolution défavorable ou très favorable du marché), la personnalité, les comportements de l'intéressé (absence de volonté ou acharnement à réussir), mais aussi les moyens disponibles, l'organisation, les événements extérieurs (personnels, familiaux), l'environnement professionnel, la relation d'équipe, l'encadrement...

Écarts observés/objectifs de l'équipe et écarts observés/objectifs individuels :

Porter les ambitions et contribuer individuellement à la réussite collective de l'entreprise : analyse qualitative

Pour

1. Privilégier le client (externe/interne)

- Je connais les besoins et les contraintes de mes clients. + = –
- Je prends des initiatives pour améliorer la satisfaction des clients. + = –
- La satisfaction des clients est prise en compte dans l'appréciation de la performance de mes collaborateurs. + = –
- J'accorde une priorité absolue au traitement de la réclamation ou de l'insatisfaction. + = –
- Je communique sur les événements et la satisfaction du client. + = –

- Après avoir réfléchi à chacune des phrases ci-dessus, comment vous évaluez-vous sur ce chapitre « Privilégier le client (externe/interne) » ?

A[a]	B	C	D	E	X[b]

- Quelle appréciation portez-vous sur l'aide que votre supérieur hiérarchique vous a apportée pour privilégier le client (externe/interne) ?

A	B	C	D	E	X

- Quelle appréciation portez-vous sur l'aide que vous avez apportée à votre supérieur hiérarchique sur ce thème ? L'avez-vous aidé à progresser ? Lui avez-vous permis de prendre de bonnes décisions ?

A	B	C	D	E	X

a. La case A correspond à la meilleure appréciation.
b. La case X permet à un collaborateur récemment arrivé de ne pas porter d'appréciation.

2. Faire fructifier les valeurs de l'entreprise

- J'ai des relations courtoises et d'entraide avec chacun. + = –
- Je sais travailler avec des personnes dont la fonction et/ou le métier sont différents. + = –
- Je m'applique les contraintes que j'impose à mes collaborateurs. + = –
- Je donne l'exemple en toutes circonstances. + = –
- Je tiens mes engagements, je fais ce que je dis. + = –
- Je privilégie les intérêts de l'entreprise à mes propres intérêts. + = –
- Je ne dissimule pas les difficultés que je rencontre. + = –
- Je sais reconnaître mes erreurs. + = –
- J'assume les résultats de mon équipe et j'en suis responsable. + = –
- Je suis force de proposition. + = –
- Je sais décider. + = –

- Après avoir réfléchi à chacune des phrases ci-dessus, comment vous évaluez-vous sur ce chapitre « Faire fructifier les valeurs de l'entreprise » ?

A	B	C	D	E	X

- Quelle appréciation portez-vous sur l'aide que votre supérieur hiérarchique vous a apportée pour faire fructifier les valeurs de l'entreprise ?

A	B	C	D	E	X

- Quelle appréciation portez-vous sur l'aide que vous avez apportée à votre supérieur hiérarchique sur ce thème ? L'avez-vous aidé à progresser ? Lui avez-vous permis de prendre de bonnes décisions ?

A	B	C	D	E	X

3. Développer les talents

- Je fais progresser mes collaborateurs et je suis le premier formateur de mon équipe. + = –
- Je m'assure de la formation continue de mes collaborateurs. + = –
- Cette année, j'ai su trouver au moins un candidat de valeur et le convaincre. + = –
- Dans l'année, un de mes meilleurs collaborateurs a évolué dans une nouvelle fonction et/ou dans un autre centre. + = –

	A	B	C	D	E	X
• Après avoir réfléchi à chacune des phrases ci-dessus, comment vous évaluez-vous sur ce chapitre « Développer les talents » ?						
• Quelle appréciation portez-vous sur l'aide que votre supérieur hiérarchique vous a apportée pour développer les talents ?						
• Quelle appréciation portez-vous sur l'aide que vous avez apportée à votre supérieur hiérarchique sur ce thème ? L'avez-vous aidé à progresser ? Lui avez-vous permis de prendre de bonnes décisions ?						

4. Appliquer les principes de management

- Je privilégie l'équipe en reconnaissant le travail de chacun. + = –
- J'informe les personnes concernées des décisions prises. + = –
- Je suis disponible et j'écoute. + = –
- Je me fixe des objectifs et les décline en plans d'actions. + = –
- J'invite la personne la plus proche du problème à trouver la solution. + = –
- Je fonctionne en réseau de manière constructive et positive. + = –
- Je sais dire à mon collaborateur ce qui va et ce qui ne va pas. + = –
- Je contrôle mes indicateurs de bon climat social. + = –

	A	B	C	D	E	X
• Après avoir réfléchi à chacune des phrases ci-dessus, comment vous évaluez-vous sur ce chapitre « Appliquer les principes de management » ?						

	A	B	C	D	E	X
• Quelle appréciation portez-vous sur l'aide que votre supérieur hiérarchique vous a apportée pour appliquer les principes de management ?						

	A	B	C	D	E	X
• Quelle appréciation portez-vous sur l'aide que vous avez apportée à votre supérieur hiérarchique sur ce thème ? L'avez-vous aidé à progresser ? Lui avez-vous permis de prendre de bonnes décisions ?						

Commentaires complémentaires à formuler

Commentaire global :

Plan de progrès

Formation, stage interne dans un service, un établissement…

Préciser le type d'action à entreprendre, la nature des stages de formation, l'urgence de réalisation pour résoudre les difficultés constatées, consolider ou améliorer les résultats.

QUATRIÈME PARTIE

Le développement identitaire des acteurs

**« Le travail du patron, pour nous,
n'est pas de présenter sa vision des choses
ni de prendre toutes les décisions mais de créer
une dynamique dans laquelle des milliers
de décisions sont prises dans son entreprise[1]. »
Car chacun peut et doit contribuer à la construction
de la vision, sa mise en œuvre et sa reconfiguration
permanente, élément premier du développement
de l'intelligence collective et de la « transformance ».**

---

1. Bertrand Martin, coauteur, avec Vincent Lenhardt et Bruno Jarrosson, du livre *Oser la confiance – Propos sur l'engagement des dirigeants*, *op. cit.*

Le développement de l'intelligence collective induit, voire présuppose la reconfiguration identitaire, individuelle et collective des acteurs. Dans cette dernière partie, nous abordons un aspect central du développement de l'intelligence collective : le travail sur le positionnement et l'identité des acteurs de l'entreprise, et évidemment des dirigeants tout particulièrement.

Le potentiel et les limites de l'organisation sont à la mesure du potentiel et des limites de l'équipe dirigeante.

Dans le cas d'Elis, comme dans les autres exemples que j'ai cités à travers les livres écrits précédemment (*Osez la confiance* avec B. Martin, *Engagements, espoirs, rêves* avec A. Godard), je peux affirmer que l'opération sur la vision et sa mise en œuvre n'auraient pu se faire si la personnalité de Philippe Bernard, en tant que président, n'était pas ce qu'elle est. Philippe Bernard incarne pour moi un exemple de dirigeant capable de développer l'intelligence collective de son organisation. Son identité – qu'il me pardonne de porter peut-être atteinte à sa modestie – représente vraiment ce que Jim Collins appelle un leader de « type cinq » : un dirigeant qui allie à la fois une grande ambition pour son entreprise et une véritable humilité quant à sa propre personne.

Ce thème de l'identité et du positionnement de dirigeant comprend bien évidemment de très nombreux aspects dont certains ont déjà été évoqués précédemment. Dans cette partie, nous aborderons :

1. Les trois identités liées au dirigeant donneur d'ordre, au dirigeant ressource et au dirigeant porteur de sens, ainsi que la notion de curseur.
2. La sécurité ontologique.
3. Les paradoxes identitaires.

L'identité du dirigeant

Un manager ne peut jamais devenir complètement un « coach » car il est tenu à une obligation de résultats, à la différence du coach qui, lui, est seulement tenu à une obligation de moyens. Cependant, s'il a intériorisé le coaching comme un autre mode de management, il pourra accomplir son identité de dirigeant donneur d'ordre (celui qui élabore une stratégie, décide et arbitre, délègue et contrôle) dans un rôle de dirigeant ressource et porteur de sens (voir Figure 4.1).

Intégrer les trois rôles de donneur d'ordre, dirigeant ressource et porteur de sens suppose que l'on puisse mettre en avant un des rôles sans pour autant que les deux autres soient abandonnés.

Le dirigeant donneur d'ordre

La complexité du rôle du dirigeant tient au fait qu'il a à gérer, en intelligence de situation, des éléments de l'entreprise à des niveaux logiques différents. Il se doit avant tout d'être un dirigeant donneur d'ordre au

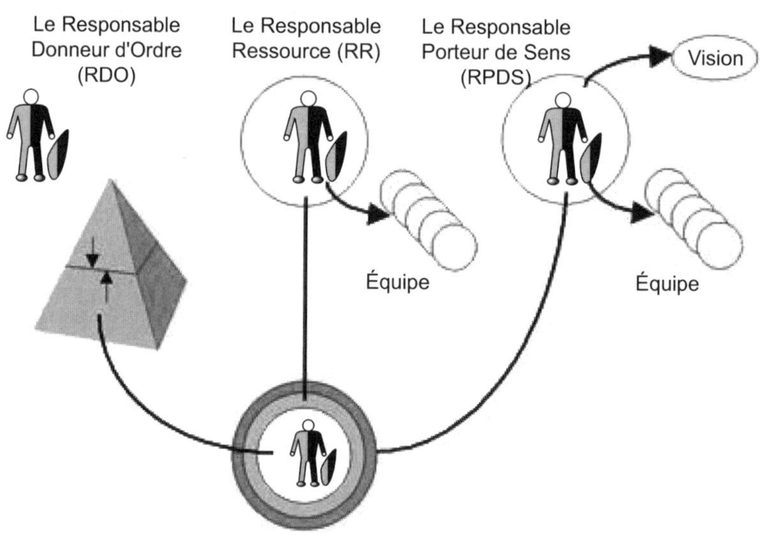

4.1 Les trois identités ou stades de développement du responsable

cœur de son identité, et d'assurer un certain degré de contrôle en toutes circonstances. Cette identité de donneur d'ordre intègre à la fois des composantes d'expertise d'un ou plusieurs métiers, des compétences de généraliste, un rôle de manager (celui qui génère l'alignement) et un rôle de leader (celui qui définit les objectifs). Ce rôle de donneur d'ordre présuppose également une capacité de décision, une capacité stratégique, une capacité de mise en œuvre ainsi qu'une capacité de contrôleur et, s'il est de plus mandataire social, une responsabilité finale devant l'actionnaire. Toutes ces capacités et responsabilités doivent être assumées par le dirigeant, dans un rôle opérationnel direct ou à travers des intermédiaires. Cependant, le danger qui consisterait pour lui à s'identifier à ces rôles peut risquer de l'enfermer dans sa fonction hiérarchique, à travers une représentation taylorienne et mécaniste de sa fonction.

Le dirigeant risque ainsi de maintenir ses collaborateurs dans une relation de dépendance ou de contre-dépendance et, par là même, de ne pas permettre à ces mêmes collaborateurs de déployer leur potentiel en s'appuyant sur une capacité d'indépendance et d'interdépendance. Le rôle d'un dirigeant n'est pas de prendre en permanence les décisions ou de fonctionner en étoile, mais certainement – si son désir est de développer l'intelligence collective – de créer les conditions pour que des milliers de décisions puissent être prises à chaque instant par ses collaborateurs. Son rôle consiste donc, par le biais d'une approche éducative, à passer le plus possible de la délégation (où il se représente l'information et le pouvoir comme étant entre ses mains, et qu'il va progressivement transmettre à ses collaborateurs) à la subsidiarité (où il se représente l'information et le pouvoir comme étant entre les mains de ses collaborateurs, et pour qui il doit créer les conditions dans lesquelles ceux-ci pourront les déployer). En d'autres termes, il ne peut se satisfaire d'une seule approche *top-down*, même si elle est parfois nécessaire – en cas d'urgence ou lorsque lui seul peut prendre la décision. Tout en conservant le recours à son rôle de donneur d'ordre, il gagne à se comporter le plus possible en dirigeant ressource et porteur de sens[1].

1. Cela revient à allier une véritable humilité avec une très forte ambition pour l'entreprise. Voir Jim Collins et sa définition du leader de « type cinq » dans *Good to Great*, *op. cit.*

Le dirigeant ressource

Le dirigeant ressource n'abolit pas sa fonction de donneur d'ordre, mais « accomplit » son identité à un niveau logique supérieur. Fondamentalement, il se centre sur un positionnement où il porte davantage d'attention au processus relationnel et de responsabilisation de ses collaborateurs qu'au seul contenu technique. Il se positionne dans une logique dite d'« *empowerment* » (mise en responsabilité) de ses collaborateurs. Il est là pour permettre à ses collaborateurs, souvent plus compétents que lui, d'avoir les moyens de mettre en œuvre leurs compétences. Son attitude est plus celle de quelqu'un qui écoute que de quelqu'un qui apporte des solutions. Il s'intéresse davantage aux propositions de ses collaborateurs et à leurs idées qu'aux siennes. Je me rappelle Bertrand Martin déclarant aux membres de son entreprise, qui le découvraient stupéfaits : « J'arrive dans cette entreprise hélitreuillé par un hélicoptère, comme dans un bateau qui coule. Je ne sais pas où sont les trous dans la coque. C'est vous qui devez le savoir. Et une fois qu'on les aura trouvés, ce n'est pas moi qui pomperai, c'est vous. » Derrière cette attitude volontairement provocatrice, il exprimait fortement l'idée suivant laquelle, en tant que président, il lui fallait se garder de donner ses idées car une fois qu'elles ont été exprimées, les personnes ne peuvent plus se sentir propriétaires de ces idées. Elles resteront les « idées du président ». En d'autres termes, le fond de son attitude s'inscrit dans la logique de la théorie Y de Mac Gregor, où le travail est naturel à l'homme et sa motivation est principalement endogène (« les personnes sont naturellement motivées, il convient seulement de leur permettre de déployer cette motivation ; et le management est basé sur un autocontrôle »), beaucoup plus que dans la théorie X de Mac Gregor, où le travail n'est pas naturel à l'homme, la motivation doit être exogène (« il faut motiver les gens ») et le management doit être fait de contrôle et de sanctions positives ou négatives.

Je pense également à Alain Godard. Chaque fois qu'il le peut, m'a-t-il confié, quand un de ses collaborateurs lui demande quelle décision il doit prendre : « Je réponds à sa question par d'autres questions et complète souvent notre échange par un témoignage en lui disant, par exemple : dans un cas similaire, j'ai pris ma décision en tenant compte de tel ou tel paramètre. Mais en même temps je renvoie la personne à sa responsabilité en lui montrant que sa situation est différente, et que la décision lui appartient. Par contre, je l'éclaire et le soutiens en balayant avec lui les différents enjeux, en lui montrant que je le considère *a priori* comme compétent, en lui donnant autant qu'il est possible le droit à l'erreur, en le validant et en lui témoignant ma confiance. »

Le modèle de curseur illustré à la Figure 4.2 indique bien la nécessité d'un « management contingent » (on parle aussi de « management situationnel », à l'instar de Tissier[1] ou Hersey-Blanchard. Il est clair que la difficulté réside dans le fait que le dirigeant responsable d'un budget, mandataire social ou qui a simplement une obligation de résultat doit rester contrôleur jusqu'au bout ; mais il peut fonctionner dans un rôle et un type de relation où il laissera un espace réel de parole et d'initiative à l'autre, en générant une relation de parité. Il devient nécessaire pour le dirigeant d'être capable de fonctionner comme un simple participant d'un groupe.

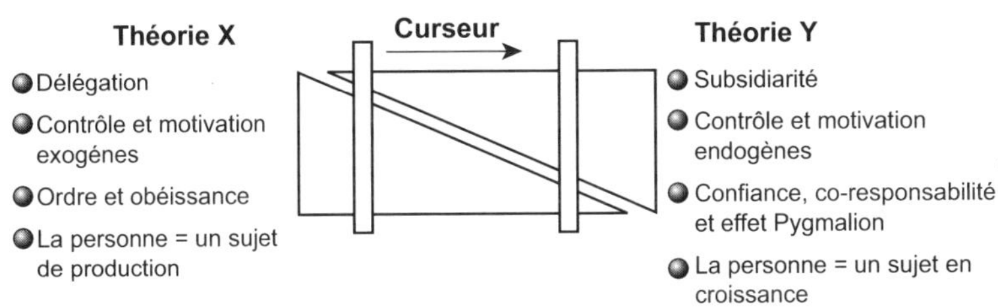

4.2 La gestion du curseur entre les théories X et Y de Mac Gregor et ses déclinaisons

Dans le management dans la complexité, être leader, c'est aussi et surtout être capable d'être un simple participant dans un groupe.

Parler de soi en tant que dirigeant m'a toujours paru inutile et dangereux : chacun connaît ou a connu des dirigeants dont l'attitude de coq gaulois a conduit à quelques désastres pour leur entreprise.

Un dirigeant est au service du poste qu'il occupe ; il n'en est pas le propriétaire, mais l'usufruitier pour un temps limité et il a pour mission de créer, au sens propre du terme, un développement durable qui ira bien

1. Tissier, D., *Management situationnel – Vers l'autonomie et la responsabilisation*, Insep Consulting, 2001.

au-delà de sa personne dans le temps et l'espace. Cela dit, il est effectivement fondamental, pour être un « dirigeant ressource » et un « porteur de sens » d'avoir un certain degré de ce que Vincent Lenhardt appelle élégamment la sécurité ontologique, qui est l'expression de la confiance en soi et de la conscience d'une certaine compétence.

Lorsque, au-delà des classiques comité exécutif et comité opérationnel, j'ai organisé des séminaires avec une « équipe de direction élargie », dont la composition n'est pas figée, j'ai voulu créer un « espace pour les autres », tout en étant présent personnellement à l'intérieur de cet espace, au même titre qu'un autre membre. Or, comment faire fonctionner ce type de communication sans un minimum de sécurité intérieure ? Les ingrédients de cette sécurité sont multiples et difficiles à identifier et à pondérer ; mais on y retrouve évidemment, toujours, la confiance de ceux avec qui l'on vit et travaille.

Une croyance exagérée en sa sécurité ontologique peut néanmoins conduire à une attitude tyrannique, arrogante ou au contraire à la faiblesse et à l'inaction du béat. Je crois avoir conscience qu'il faut gérer son propre curseur, et on ne peut le maîtriser qu'en relation – parfois en confrontation – avec les autres. C'est cela qui est passionnant et motivant, c'est cela qui construit l'identité et donc l'inclusion dans une équipe de direction ; c'est en outre un paramètre essentiel pour assurer le partenariat de long terme que nous voulons et que nous devons construire avec nos employés et nos clients.

Finalement, il faut constamment être comme le célèbre chevalier Bayard, « sans peur et sans reproche » !

L'observation que j'ai pu faire d'un certain nombre de managers fonctionnant ainsi m'a amené à identifier une sorte de cycle en sept étapes propre au dirigeant ressource (voir Figure 4.3).

1. Il présente les enjeux

Quand le dirigeant ressource invite ses collaborateurs à la responsabilité, il commence par les mettre en face de la réalité. On peut se référer ainsi à ce que Jim Collins appelle les « faits brutaux ». Cette démarche a pour effet d'établir une relation de parité ; profondément, elle brise l'effet pervers que le rôle hiérarchique induit trop souvent, en invitant les acteurs à percevoir et prendre en compte par eux-mêmes les enjeux, et ne pas être simplement réduits à être des exécutants.

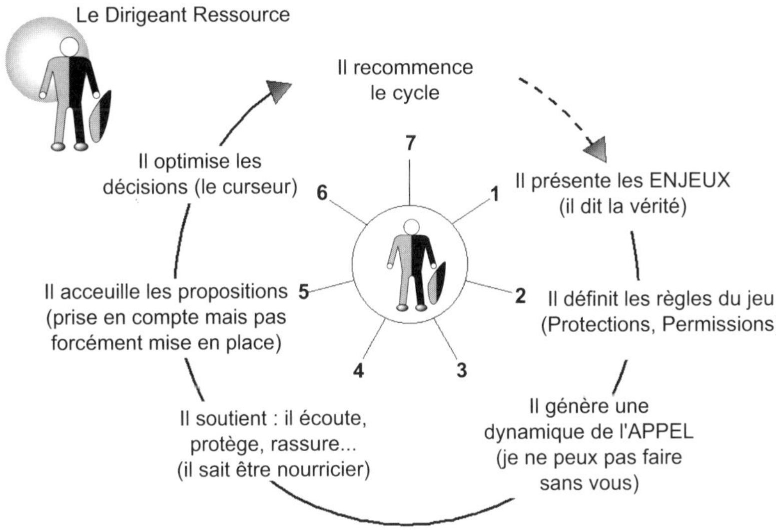

4.3 Cycle des rôles du responsable ressource

2. Il définit les règles du jeu

Il n'empêche que le dirigeant est celui qui a principalement la charge de définir la relation. Tant la relation vis-à-vis de l'extérieur de l'entreprise ou de l'actionnaire, que celle avec les collaborateurs. C'est lui qui définit le cadre, les valeurs, les limites. Il assume, en tant que dirigeant ressource, une fonction essentielle qui est celle de la « protection ». Le leadership reste clair, il ne fuit pas ses responsabilités et on sait qu'en dernier recours il assume son rôle de donneur d'ordre. Mais c'est ce rôle de « protecteur » qui créera les conditions d'une sécurité relationnelle et qui pourra assurer aux acteurs que leur rôle opérationnel s'inscrit dans un droit à la parole, un droit à aborder les sujets qui fâchent et à apporter leur contribution, tout en connaissant précisément les risques qu'ils courent.

3. Il génère une dynamique de l'appel

Le dirigeant ressource invite les collaborateurs à faire des propositions une fois qu'ils ont compris les enjeux. Après avoir joué le rôle de protecteur, il met en œuvre ce que l'on appelle la « permission » : toute personne est invitée à apporter sa contribution, quel que soit son niveau réel, et à faire des propositions. On peut parler de dynamique de l'appel car, en invitant les acteurs à trouver les solutions, le dirigeant génère un processus où il les met en face de la responsabilité collective et de leur capacité à résoudre les problèmes. Sur le plan managérial, il met en œuvre ce que Hölderlin disait de la mer : « la mer crée les continents en se retirant ». De même, comme le disait Bertrand Martin, « le dirigeant, génère des managers en se retirant ».

Rappelons la formule de Peter Drucker, « You can't manage knowledge workers » (vous ne pouvez diriger les artisans du savoir), et la nécessité de se positionner d'abord en relation d'écoute et de parité, dans un projet complexe où le dirigeant du projet a des collaborateurs plus compétents que lui, chacun dans sa spécialité.

4. Il soutient : écoute, protège, rassure

Dans la situation souvent surprenante et même parfois provocatrice que vient de créer le dirigeant par son appel, il est très important qu'il accompagne les acteurs, lesquels sont souvent désemparés par cette attitude. Il se doit de passer un temps important à les écouter et à écouter toutes les questions souvent imprévues qui émergent. Ces questions porteront aussi bien sur la dimension opérationnelle que sur leurs peurs, leurs droits, la limite jusqu'à laquelle ils peuvent prendre des risques, etc. Pour les acteurs, passer d'une position de dépendance ou de contre-dépendance à une position d'interdépendance implique de vivre des crises d'identité et de faire le deuil de la position plutôt confortable psychologiquement qu'ils occupent en tant que simples exécutants.

5. Il accueille les propositions

Le dirigeant offre l'assurance que toutes les propositions seront prises en compte même si elles sont surprenantes ou dérangeantes.

6. Il optimise les décisions (le curseur) et suit la mise en œuvre

Le fait que le dirigeant accueille et prenne en compte toutes les propositions ne signifie pas qu'elles seront toutes acceptées et mises en œuvre. Certaines sont à éliminer, d'autres nécessitent un temps de réflexion ou un approfondissement, d'autres enfin doivent être complétées ou validées pour être mises en œuvre. C'est au dirigeant d'organiser ce processus avec les personnes compétentes concernées. Ce travail doit se faire dans la durée, en ayant le souci de contrôler réellement la mise en œuvre exercée le plus possible par les acteurs eux-mêmes.

7. Et recommence le cycle

Ce processus en spirale se vit comme une « fractale[1] », c'est-à-dire que le schéma est le même pour les grands projets transverses impliquant un grand nombre d'acteurs, comme pour des propositions plus réduites dans l'espace et dans le temps. En réalité, ce fonctionnement de dirigeant ressource est très largement décrit dans les ouvrages que j'ai co-rédigés avec Bertrand Martin et Alain Godard : ces deux dirigeants ont été pour moi des modèles de dirigeants ressources et porteurs de sens.

Quant à Philippe Bernard, dirigeant d'Elis, il a compris dès le début de l'opération qu'elle ne pouvait se réaliser que dans la mesure où il maniait le curseur en permanence et pouvait passer à chaque instant de l'un à l'autre de ces trois rôles. Dès le premier séminaire avec l'équipe de direction élargie – où, « malgré » sa qualité de président, il a pris place sur l'une des dix-huit chaises rassemblées en cercle (sans aucune table) –, il a exprimé que tout en assumant pleinement son rôle de président, dans le cadre de cette EDE (équipe de direction élargie), il entendait participer au travaïl de l'équipe, en parité avec les autres et dans la position d'un simple participant. Cela n'a pas manqué de surprendre les autres membres de l'équipe, qui le voyaient ainsi dans une configuration très inattendue. Curiosités supplémentaires : j'assurais l'animation et les trois niveaux hiérarchiques présents étaient tous mis sur le même plan.

Cette configuration est une parfaite métaphore spatiale de ce que peut être un dirigeant ressource.

Le dirigeant porteur de sens

Là encore, la notion de curseur dans sa complexité s'applique. Je préfère le terme de *porteur* de sens à celui de *donneur* de sens car le dirigeant devra agir en intelligence de situation en fonction du degré de développement des acteurs, c'est-à-dire de leur conscience des enjeux et de leur degré d'autonomie (« Mes interlocuteurs sont-ils dans un état fonctionnel ou structural de dépendance, de contre-dépendance, d'indépendance ou d'interdépendance, ou d'autonomie par rapport à

1. Chaque élément, petit ou grand, a la même structure.

la vision partagée » ?). On peut cependant proposer les étapes suivantes (voir Figure 4.4) :

1. Dans un premier temps, le responsable incarne le sens et joue le rôle d'étoile-guide pour ses collaborateurs. La difficulté pour ce dirigeant est de veiller à ne pas se prendre lui-même pour l'étoile ! (Le dirigeant a-t-il fait un minimum de travail sur son identité et son narcissisme ?)
2. Dans un deuxième temps, il montre les étoiles à son équipe. Il conduit ses collaborateurs à savoir reconnaître ces étoiles et les enjeux. Il leur donne la capacité d'y croire.
3. Ensuite, le responsable montre que les étoiles sont au cœur de ses collaborateurs : il révèle les étoiles qui résident dans chacun de ses équipiers. C'est son rôle de « développeur de talents ».
4. Il fait alors émerger les étoiles produites par les autres et se positionne ainsi dans une relation de parité, sinon d'égalité, avec les autres interlocuteurs de l'entreprise. Il aura ainsi créé les conditions de l'intelligence collective, vue comme l'organisation des relations entre les différentes entités de l'entreprise, où chacun à sa façon se sent exister et important, coresponsable et compétent, ouvert et conscient (vaste programme, qui peut donner tellement de sens à ce rôle de dirigeant !).

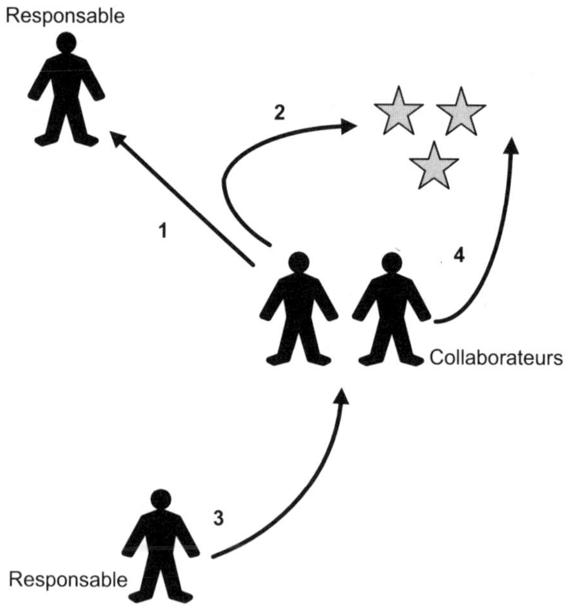

4.4 Les rôles du responsable porteur de sens

La sécurité ontologique

Un peu de réflexion, cher lecteur :
Suis-je important, fondamentalement ?
Est-ce que je le crois vraiment et simplement ?
Et pour qui ? Quels sont mes manques de ce côté-là ?
Ai-je le droit à ma place, à ma parole ?
Dans ma vie personnelle, professionnelle, dans quelle mesure ai-je eu la reconnaissance nécessaire ?
Suis-je compétent ? Mêmes questions.
Suis-je aimable ? Et est-ce que je considère que j'ai de la valeur ? Mêmes questions.

Je vous invite à vous remettre un peu en cause personnellement et à en tirer les conséquences pour votre fonctionnement :

- Quels sont les besoins fondamentaux que je n'ai pas traités à ce jour, et en quoi cela va-t-il affecter ma capacité à être un dirigeant ressource ?
- Et au-delà, en quoi cela va-t-il affecter ma capacité à utiliser mon identité et les relations que je gère au bénéfice du développement de mes interlocuteurs et du bien commun ?

Nous abordons maintenant ce qui est au cœur de l'intelligence collective et au cœur de l'identité. Notre ambition, créer les conditions de l'intelligence collective, ne peut être atteinte si ce point nodal n'est pas traité par le dirigeant et les agents de changement qui l'accompagnent. L'ensemble des paramètres à prendre en compte pour organiser ce que nous appelons la « transformance », c'est-à-dire la capacité des acteurs à vivre l'intelligence collective et à reconfigurer en permanence tout le réel sur lequel ils agissent, ne peut faire l'économie de la gestion de l'intersubjectivité des acteurs : le cœur de tout ce changement passe par la prise en compte de l'identité des acteurs et de leur capacité à se repositionner en permanence. Le responsable, qui doit à la fois être un donneur d'ordre, un dirigeant ressource et un porteur de sens, ne peut assumer cette complexité s'il n'est pas profondément ancré dans ce qui se trouve au centre de son identité, ce que nous appelons son « prince », dont la qualité principale est sa *sécurité ontologique*.

Que signifie la « sécurité ontologique » ? L'analyse transactionnelle parle d'« être OK » ; William Schutz, quant à lui, emploie le terme « estime de soi » (*self-esteem*). Pour ma part, je préfère celui de

« sécurité ontologique » : pour l'acteur, cela signifie une relation de confiance en soi qui n'est faite ni d'arrogance ni d'orgueil mais, plus profondément, de la conscience de sa valeur inconditionnelle en tant qu'être humain et manager, ainsi que de ses capacités conditionnelles (en plus de son savoir-être, ou l'ensemble de ses savoir-faire).

Vivre cette confiance en soi et arriver à un certain degré de « tranquillité d'être » ne se décrète pas d'une façon volontariste, mais représente l'aboutissement d'une expérience vécue, de compétences acquises, d'épreuves surmontées, et le passage par un certain nombre de deuils : celui de la toute-puissance, celui des relations fusionnelles, celui de ses limites ainsi que de ses blessures présentes et passées, voire de ses blessures les plus archaïques. Nous ne pensons pas que la personne doive absolument avoir fait un travail sur son inconscient ou son histoire passée ou, dans l'absolu, un certain travail de développement personnel et d'éventuelle réparation. Cependant, comme nous l'avons développé dans notre ouvrage *Les responsables porteurs de sens*, nous affirmons avec force que le potentiel et les limites d'une organisation sont à la mesure du potentiel et des limites de l'équipe dirigeante.

Nous nous inspirerons principalement des travaux de Will Schutz pour développer cette notion de sécurité ontologique puis nous évoquerons les paradoxes identitaires que doit vivre le dirigeant.

Pourquoi parler de sécurité ontologique ? Parce qu'elle est la condition qui permet aux acteurs d'être à la fois mobilisés, conscients et responsables.

Les deux enjeux majeurs de l'entreprise, pour sa pérennité et sa croissance, consistent en sa capacité à *créer de la valeur* (voir Figure 4.5) et en sa capacité à traiter ce qui empêche cette création de valeur, c'est-à-dire la *résolution des problèmes*. L'entreprise étant pour nous le lieu de l'intelligence collective, celle-ci est conditionnée par la capacité des acteurs à agir et interagir. On pourrait comparer l'entreprise à un système nerveux pour lequel il faut des synapses entre les neurones et une circulation de l'énergie.

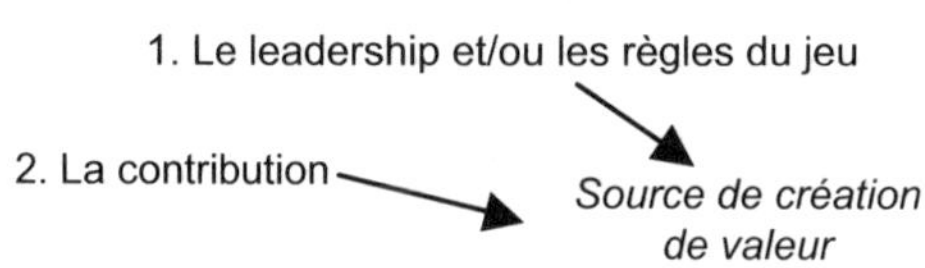

4.5 La création de valeur

Will Schutz est, à notre avis, parmi les meilleurs spécialistes du travail de groupe. Avec raison, il lie étroitement le développement de la personne à celui de la communauté. Il utilise trois concepts fondamentaux qu'il appelle les trois dimensions : l'*inclusion*, le *contrôle* et l'*ouverture* (voir Figure 4.6). Dans son ouvrage *The Human Element*, non traduit en français à ce jour, il indique que la combinaison de ces trois dimensions est comparable à la capacité du peintre ou du photographe, qui travaillent avec la lumière et la couleur, à marier les trois couleurs fondamentales que sont le bleu, le rouge et le jaune.

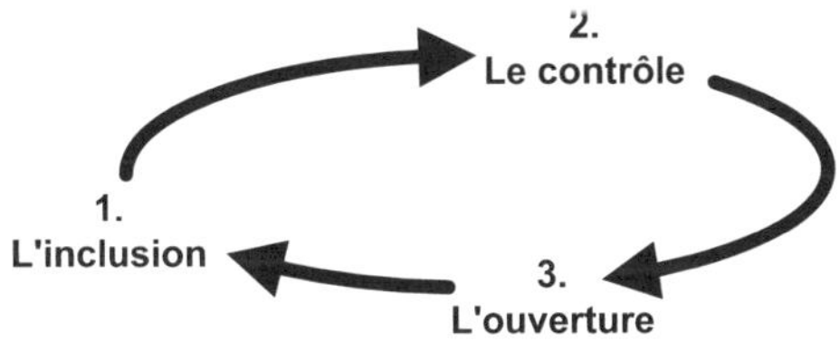

4.6 Les trois dimensions de la relation

C'est la combinaison de l'inclusion, du contrôle et de l'ouverture qui va conditionner l'identité individuelle et collective des acteurs (voir Figure 4.7).

Pour ma part, trente ans d'expérience en tant que consultant, thérapeute et coach – j'ai accompagné des centaines de personnes individuellement et animé de très nombreux groupes et séminaires de toutes sortes – me font aboutir à des conclusions similaires.

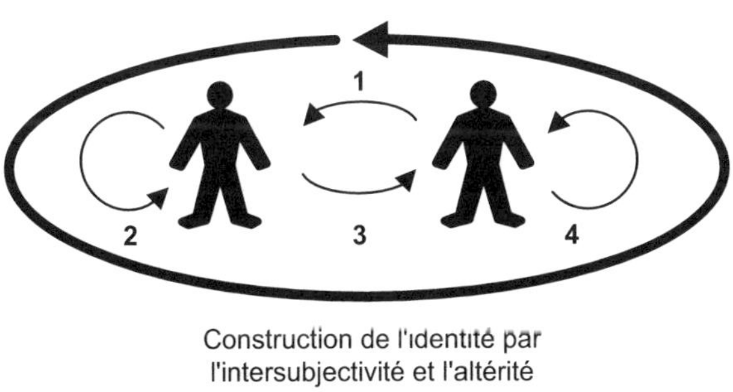

4.7 Construction de l'identité par l'intersubjectivité et l'altérité

L'inclusion

Cet enjeu concerne la position « dedans/dehors » (croyance : « je suis important »). Il englobe :

- la reconnaissance ;
- l'appartenance ;
- l'engagement ;
- la mise à disposition d'un bien commun ou de quelque chose pour un bien commun.

Par inclusion, nous entendons l'enjeu fondamental selon lequel les acteurs se trouvent à l'intérieur ou à l'extérieur de la relation. Cet enjeu est sous-tendu par une croyance de chacun des acteurs (par exemple, « je suis important »). La Figure 4.8 montre que cette croyance conditionne l'inclusion dans une dynamique systémique. En effet, le premier vecteur permet à la personne de se sentir importante sous le regard de l'autre. Autrement dit, c'est la dimension d'altérité qui est au cœur de l'ontologie. Cette réflexion, que le philosophe Lévinas a par ailleurs reprise, correspond à notre expérience clinique et à notre expérience de l'accompagnement du changement. On le constate déjà pour l'enfant : c'est bien la relation que la mère établit avec lui, dans le sein maternel, qui va le constituer comme être humain. Par la suite, ce sont toutes les évolutions de cette relation qui vont petit à petit façonner sa personnalité, de la coupure du cordon ombilical jusqu'à la résolution du complexe d'Œdipe.

Si nous reprenons également la notion d'effet Pygmalion, nous constatons que l'identité de la personne se construit à travers la confiance que lui accorde l'autre (vecteur 1), et qui va être la

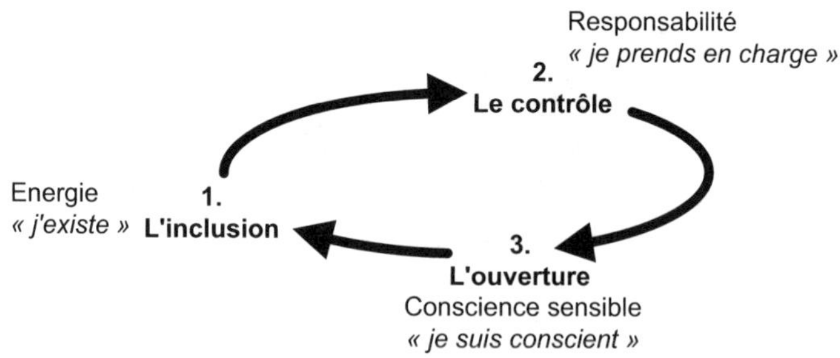

4.8 Les trois aspects fondamentaux de la construction identitaire

source de la confiance qu'elle se donnera à elle-même (vecteur 2), puis à travers la confiance qu'elle va témoigner à l'autre (vecteur 3) en l'observant comme source d'une confiance inconditionnelle (vecteur 4). Tout cela, évidemment, dans un processus systémique et récursif : il s'agit de ce que l'on pourrait appeler un *cercle vertueux*.

- Ce travail sur l'inclusion, qui fortifie chez la personne le sentiment de son importance pour l'autre et pour elle-même, génère un premier degré que nous appellerons la *reconnaissance*.
- Un certain degré de reconnaissance étant acquis, la personne peut vivre dans un deuxième temps un sentiment d'*appartenance*. Elle se sent faire partie de la relation.
- Un fois installé ce sentiment, elle peut dans un troisième temps vivre un sentiment d'*engagement*. La relation est suffisamment stabilisée pour que la personne puisse prendre la décision d'investir son énergie dans la relation.
- Enfin, dans un quatrième temps, elle pourra aller plus loin et dépasser ce simple sentiment d'engagement, au-delà de sa survie et de sa satisfaction personnelle, pour un niveau de motivation plus élevé : le *service d'un bien commun*.

Le contrôle

Cet enjeu concerne la position « en haut/en bas » (croyance : « je suis compétent »).

Il se situe dans le fait d'être en position « haute » ou « basse » dans la relation (*top or down*). Il s'agit en réalité que la relation de pouvoir soit clarifiée. Le premier élément en est la nature du leadership ou des règles du jeu. C'est uniquement lorsque ces éléments sont clairs pour les acteurs, à un certain degré, qu'ils peuvent échanger ensemble et donc contribuer à la création de valeur. En effet, pour que les acteurs osent prendre le risque de produire quelque chose devant l'autre – par une action ou simplement par la parole –, il est nécessaire qu'ils sachent le plus clairement possible quels sont les risques qu'ils courent : y aura-t-il des sanctions positives ou négatives ? Seront-ils critiqués ou dévalorisés ? Ont-ils le droit à l'erreur ? Ont-ils le droit de ne pas savoir, de ne pas comprendre ? Etc.

La croyance fondamentale qui sous-tend cela est la croyance selon laquelle « je suis compétent ». Là encore, cette croyance se construit par et dans l'altérité, ainsi que dans une dynamique systémique et interactive.

L'ouverture

Cet enjeu concerne la position « proche/lointain » (croyance : « je suis aimable » et « j'ai de la valeur »).

Cette troisième dimension de l'ouverture a pour enjeu la capacité des acteurs à être « proches ou lointains » dans la relation (voir Figure 4.9). Être proche de l'autre, d'abord, mais aussi tout autant de soi-même. Cela signifie : « Est-ce que je peux dire à l'autre ce qui se joue entre nous, est-ce que je peux aborder les enjeux qui nous concernent dans notre contribution commune ? » Évidemment, ce qui se joue ne relève pas seulement du niveau explicite mais également du niveau implicite : est-ce que l'on peut aborder le non-dit, traiter les sujets qui fâchent, dire qu'« il y a de la poussière sous le tapis » ? Un consultant qui a travaillé avec Alain Godard sur les problèmes transculturels parle ainsi du « syndrome de l'évitement amical » (*the Friendly Avoidance Syndrome*).

Il est clair que ce qui se joue dans la relation vis-à-vis de l'autre et de soi-même est la capacité des acteurs à aborder leurs besoins, à dire leurs peurs, à renoncer à avoir raison *a priori*, à parler suffisamment ouvertement de leurs points faibles. Rappelons que Schutz définit l'équipe performante non pas comme celle qui a forcément un chef excellent, ni nécessairement des objectifs clairs, ni nécessairement une absence de conflits, ni encore nécessairement une absence de différences entre les acteurs. Pour lui, c'est justement la capacité des acteurs à dire leurs besoins et à renoncer à leur rigidité mentale, laquelle est renforcée chaque fois que la personne se sent attaquée dans la représentation qu'elle se fait d'elle-même.

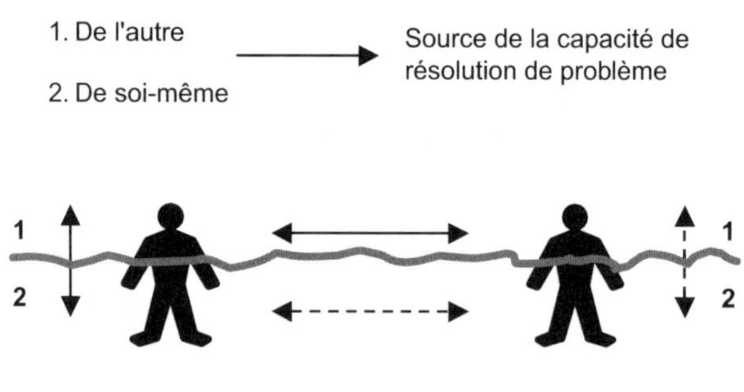

4.9 Construction de l'ouverture par l'acceptation des éléments non dits

La croyance qui permet cette ouverture est construite suivant le même modèle des deux croyances précédentes. C'est celle qui permet à chaque acteur de dire « je suis aimable » ou « j'ai de la valeur ». C'est cette acceptation inconditionnelle de soi-même et de l'autre qui permet de traiter les manquements, les difficultés, les points faibles.

En résumé

Nous observons ainsi qu'autour de ces trois éléments se dessine une enveloppe pour l'identité de la personne. Bien évidemment, le sentiment d'être OK, la relative stabilité de l'estime de soi et, finalement, ce que nous appelons la sécurité ontologique de la personne sont le résultat de nombreuses influences passées, de toute une histoire personnelle et professionnelle, d'épreuves plus ou moins surmontées, de leçons tirées d'une expérience certes très complexe. Toutefois, ces trois piliers représentent trois aspects fondamentaux très spécifiques de la construction identitaire et de la sécurité ontologique.

Nous voyons également, comme l'illustrait la Figure 4.8, que derrière l'inclusion se trouve la gestion de l'énergie de la personne, à travers le sentiment « j'existe » ; derrière le contrôle se joue le degré de responsabilité (*accountability*) de la personne, exprimé par le sentiment « je prends en charge » ; derrière l'ouverture se joue le degré de conscience sensible (*awareness*) de la personne, qui correspond au sentiment « je suis conscient ». Trois réponses que nous attendons sans doute des acteurs de l'intelligence collective, et qui représentent un travail d'élaboration et de maintenance permanent.

Les paradoxes identitaires

L'acquisition de cette sécurité ontologique suppose que le responsable ait appris à gérer une série de paradoxes très nombreux et à dépasser ses contradictions, tant dans son identité que dans son positionnement. Il lui faut avant tout prendre la mesure de la dimension ambiguë, paradoxale et ambivalente de son rôle :

- *Son ambiguïté irréductible jamais soluble* : en tant que dirigeant, suis-je un coach ou un évaluateur ? À quel niveau le responsable ressource parle-t-il ? Il jongle avec les contenus et les processus, passe à tout moment de l'état de communication à l'état de méta-communication. Pas simple, lorsqu'on sait combien la structure hiérarchique d'une part, et le système que représente l'entreprise d'autre part, sont surdéterminants par rapport au sens premier de la parole du responsable. Cette surdétermination a pour conséquence qu'il ne peut y avoir de communication réellement transparente. C'est dans cette ambiguïté insoluble que le dirigeant et les différents acteurs vont devoir naviguer.

- *Le paradoxe de sa position* : plus le dirigeant ou le responsable opérationnel souhaite que son équipe prenne telle ou telle direction, plus il est tenté de pousser ses pions pour qu'il en soit ainsi. Or, en vertu du principe d'opposition et de sa position de chef, s'il le fait savoir, il va générer des résistances. C'est donc en renonçant pour une certaine part à tout projet sur l'autre que le dirigeant devient véritablement homme ressource ; et c'est ainsi qu'il a de bonnes chances de voir émerger chez les autres des idées originales, qui leur sont propres, et peut-être même de voir ses idées acceptées.
- *Son ambivalence quant à voir l'autre croître* : si, d'un côté, le responsable souhaite que ses subordonnés se développent, de l'autre, il entend bien demeurer le chef ; il souhaite certes que son personnel soit autonome, mais il entend bien qu'il demeure dans une certaine relation symbiotique vis-à-vis de lui-même ; s'il accepte que son équipe ait des idées, il entend cependant que les siennes tiennent une bonne place dans la réalisation des projets dont il est responsable.

Voilà qui n'est pas simple, et donc pas seulement compliqué, mais *complexe* !

Le responsable a pour enjeu principal de développer et de mobiliser sa compétence au maximum, et de l'avoir suffisamment « reconnue » pour la mettre totalement au service du développement de la compétence et de la mobilisation de l'autre.

Signalons à présent quelques paradoxes fondamentaux : le paradoxe éducatif, le paradoxe de la demande, les paradoxes dus aux différents stades d'autonomie, les paradoxes de la compétence et le paradoxe du contrôle.

1. Le paradoxe éducatif. D'une très grande complexité, ce paradoxe consiste dans le déploiement suivant : « Comment aider l'autre à se débrouiller seul ? » Tout ce qui constitue la relation d'aide en matière

de management, de thérapie, de conseil, de pédagogie, etc., réside dans la gestion de ce paradoxe.

2. Le paradoxe de la demande. Le plus souvent, la personne qui formule une demande vient demander la résolution d'un symptôme ou d'un dysfonctionnement, généralement dans une représentation de causalité linéaire. Dans ce cas, le rôle du responsable, qu'il soit dirigeant ou consultant, consiste la plupart du temps à faire passer la demande de la personne à un ordre supérieur, qui relève d'un mode de causalité non plus linéaire mais circulaire ou récursif. Si la demande est simple, l'offre qui répond à cette demande doit parfois être complexe et contribuer à ce que la personne en demande change de représentation, de positionnement et d'identité. Il ne convient pas toujours de lui donner un poisson mais, à chaque fois que possible, de lui apprendre à pêcher et à se constituer sa canne à pêche.
3. Les stades d'autonomie. Le responsable se doit de gérer en face de lui des relations individuelles et des relations collectives. Le plus souvent, les acteurs ne se trouvent pas au même stade de développement : certains sont dépendants, d'autres contre-dépendants, d'autres indépendants et d'autres encore interdépendants. Il est évident que la réponse qui convient à l'un peut ne pas du tout convenir aux autres. La communication devra donc traverser des logiques et des besoins différents – et souvent contradictoires – du fait de la multiplicité des acteurs.
4. Le paradoxe de la compétence. Il s'agit peut-être du paradoxe le plus long à résoudre, à la fois du fait de sa difficulté et du renoncement qu'il suppose pour « l'ego » du responsable. En effet, il faut qu'il ait développé une compétence au point de ne plus avoir besoin de la prouver à l'autre, et mettre cette compétence totalement au service du déploiement de la compétence de l'autre. Le responsable qui agit pour l'intelligence collective se doit d'être un développeur de talents. Nous savons bien qu'un des enjeux majeurs des entreprises est de gagner la « guerre des talents » : comment attirer et garder les meilleurs ?

   Devenir un développeur de talents suppose pour le responsable qu'il ait acquis trois types de compétences : techniques, managériales et de relation d'aide. Ces compétences s'inscrivent dans un sentiment profond de compétences inconditionnelles. Mais avoir acquis ces différentes compétences ne suffit pas : encore faut-il qu'elles aient été largement reconnues par les autres (ses pairs, ses clients, ses supérieurs, ses enseignants) et surtout par la personne elle-même. C'est à ce prix seulement que le responsable pourra renoncer à ce que son interlocuteur reconnaisse sa compétence, et être centré sur la construction de la compétence de l'autre. Bon courage ! Il y a du pain sur la planche !

5. Le paradoxe du contrôle. Dans son livre remarquable, *Le chaos management* (*Thriving on chaos*), Tom Peters décrit environ dix-huit paradoxes qui sont presque toujours présents dans la vie de l'entreprise complexe, et concernent le rapport aux produits, aux personnes, aux situations, etc. Je reprends à mon compte le paradoxe de la complexité, qui les résume : « pour garder un certain contrôle dans la complexité, il est nécessaire de lâcher une partie du contrôle ». Cela rejoint notre expérience suivant laquelle le responsable est réduit à être « OK dans le chaos », c'est-à-dire à se positionner dans un espace qui se situe toujours entre les deux extrêmes que sont l'ordre et le désordre.

La sécurité ontologique, qui dépend aussi de la capacité du responsable à gérer ses paradoxes, n'est évidemment pas un état qui se décrète mais le résultat d'un cheminement et d'expériences de toutes sortes. Comme métaphore de ce cheminement pour le dirigeant, nous proposons l'image de la « langouste » qui devient un « vertébré ». La langouste, n'ayant pas de colonne vertébrale, se protège par sa carapace. Le vertébré, quant à lui, sait qui il est et ne dépend pas de la même façon du regard des autres. Il peut donc être libre par rapport à ses défenses et ne pas être enfermé dedans. Nous voyons ainsi à quel point le processus de développement de l'intelligence collective suppose pour les acteurs, individuellement et collectivement, une démarche transformationnelle : c'est ce que nous appelons la « transformance ».

Le dirigeant, comme l'accompagnateur du changement, vit dans une position paradoxale : tout en tournant à pleine vitesse comme une toupie, il doit paraître immobile et se réjouir d'être apparemment immobile. Il lui faut mobiliser son énergie, son attention, observer en position « méta » le processus et rester centré sur les enjeux, la vision, les finalités (le « sens »). Il doit se préparer à chaque instant à intervenir soit sur les priorités (le « sens »), soit sur le processus (la méthode utilisée, la validation des acteurs, la gestion de la parole...), soit encore sur le contenu (le sujet dont on parle et tout ce qui constitue son contexte). Le tout en veillant à rester le plus neutre possible, bienveillant et disponible, et heureux de voir se déployer le potentiel des acteurs qui sont devant lui et leur création partagée...

Vous avez dit « contempl-acteur » ?

Postface

La *transformance* : un nouveau défi pour le dirigeant

VINCENT LENHARDT, président,
et LAURENT BURATTI, directeur général
du cabinet Transformance

Après de nombreuses années consacrées à l'accompagnement d'équipes de direction, nous percevons une émergence sensible au cœur du rôle des dirigeants. Outre leur rôle traditionnel, consistant à prendre des décisions, régler des problèmes, gérer la stratégie et orienter le management, ils doivent de plus en plus assumer, au cœur de ces actions, un rôle de « mise en responsabilité » des acteurs dont ils ont la charge individuelle et collective. C'est ce que nous appelons la *transformance*.

En effet, lorsqu'on interroge les dirigeants sur leurs enjeux majeurs – qui se résument en général à assurer la pérennité de l'entreprise par la croissance et la résolution d'éventuelles crises –, ils répondent qu'au-delà des actions à court terme, ils cherchent à assurer la fécondité du système organisationnel. Pour l'organisation (la poule aux œufs d'or), il ne s'agit pas seulement de produire des résultats (les œufs d'or), mais aussi de veiller à ce que la poule reste féconde et en bonne santé.

À partir de quelques exemples récents et particulièrement significatifs, nous pouvons décrire notre approche très opérationnelle de la transformance et des principes qui la sous-tendent.

- *Premier exemple : redynamisation d'une grande entreprise de bourse.* Alors que le niveau de la bourse est au plus bas, cette entreprise doute et vit des départs, des difficultés de toutes sortes et une

désaffection du management. Après une période particulièrement faste, la crise est encore plus mal vécue et les équipes ne parviennent plus à se mobiliser.
La tentation du « chacun pour soi » est de plus en plus manifeste. Le président de l'entreprise veut reconfigurer la manière dont elle est dirigée. Du temps de la croissance forte, les acteurs se préoccupaient peu du management, emportés par le développement du marché. La crise révèle donc des dysfonctionnements anciens, et motiver le personnel à coût de bonus pléthoriques n'est plus possible. Comment redynamiser l'entreprise démoralisée ?
Après avoir proposé de rassembler un certain nombre d'acteurs pour cerner les enjeux à la fois organisationnels et opérationnels, et de mettre en place un dispositif de pilotage, nous combinons le coaching du président et de son équipe de direction avec l'accompagnement d'équipes transverses de recherche-action sur des chantiers opérationnels.
Ces équipes vont partager, avec l'ensemble des 600 personnes, des réflexions sur la dynamique de ces chantiers. Le travail va déboucher non seulement sur l'élaboration d'une vision partagée et la reconfiguration des systèmes de management et de ressources humaines, mais aussi sur des résultats commerciaux et financiers très significatifs. Un an après, la confiance dans son management permet à cette entreprise plusieurs opérations de croissance externe : elle le doit à une équipe de direction reconfigurée et remarquablement soudée autour de la vision partagée.

- *Deuxième exemple : reconfiguration globale d'un partnership dans un grand cabinet d'audit.*
  Devant la mise en cause des modèles anglo-saxons d'organisation de multinationales d'audit et la transformation majeure de ses métiers, un grand cabinet indépendant comptant plus de 400 partners nous demande de l'aider à reconfigurer son partnership. Cette reconfiguration est devenue nécessaire pour inventer l'avenir des partners en s'appuyant sur un modèle encore à créer, et pour préserver ainsi leur indépendance.
  Derrière cette demande émerge progressivement le souci d'« activer » les interactions entre les partners afin de les engager dans un projet de développement.
  Après une rapide sensibilisation du cabinet à notre approche par la transformance, nous entreprenons diverses démarches avec lui : d'abord, un travail d'autodiagnostic des capacités individuelles et collectives ; ensuite, la co-élaboration d'un modèle de partnership

original, lié aux enjeux stratégiques des partners; enfin, cela donne le moyen de mettre en place un dispositif de team-building et de coaching, qui permettra à chacun de « faire vivre » ce modèle et de se positionner par rapport à lui. L'énergie générée par une telle démarche va entraîner des changements impossibles jusqu'alors dans l'organisation, de même que la coopération et la solidarité du partnership.

1. Quels enseignements tirons-nous de ces expériences ?

D'une façon brève et synthétique, nous pouvons dégager une ligne de force de notre travail. Il consiste, à partir d'une situation, à ne pas se précipiter sur des solutions toutes faites, mais à inviter promptement les acteurs à réfléchir le plus « collectivement » possible aux enjeux que les symptômes analysés traduisent. Dans ce que nous avons convenu d'appeler la *transformance de l'organisation*, ces symptômes sont souvent les révélateurs des dysfonctionnements. La transformance est un processus permanent de questionnement et de construction des possibles qui doit permettre l'adaptation de l'organisation. Elle implique une mise en responsabilité des acteurs face aux enjeux.

Notre approche consiste à rendre explicite ce processus implicite, en constituant des équipes de recherche-action transverses au cœur de l'organisation. Leur principale fonction consiste à repérer les freins qui empêchent les composantes de l'organisation de s'adapter, de se responsabiliser autour des différents enjeux de l'entreprise. Elles font émerger les besoins et les demandes correspondantes. Le rôle de l'équipe de pilotage est alors d'élaborer les actions opérationnelles et les dispositifs destinés à réguler cet ensemble. Cela afin de générer une dynamique de développement de l'intelligence collective qui permettra de construire progressivement la transformance. Ces dispositifs comprennent des moments consacrés à la prise de recul et au partage des différentes visions du réel, ainsi que des moments consacrés à la reconfiguration des rôles, responsabilités et identités de chacun dans la construction du futur commun.

2. Les paramètres de la transformance

1. Le contexte contraint l'action et l'action construit le contexte.
   Aucun outil en lui-même n'est la panacée, et la mise en place d'actions, de processus cibles ainsi que de méthodes de management est toujours soumise à l'interprétation qu'en feront les acteurs et à leur pertinence compte tenu du contexte. En ce sens, le contexte

culturel, organisationnel et technique est à la fois une contrainte et un enjeu pour notre action.

2. Construire les capacités collectives pour élargir le champ des possibles.
   Les capacités collectives ne peuvent être conçues comme une machine. Elles doivent être développées par un processus d'apprentissage et de co-construction auquel participe la plus grande partie des acteurs, lesquels doivent exprimer leurs visions, leurs doutes et leurs besoins. Ainsi le travail sur les compétences et la coopération est-il un travail qui sert à construire les champs des possibles pour l'organisation et la confiance collective des acteurs à ouvrir des horizons nouveaux. C'est le cas par exemple de l'entreprise de bourse citée ci-dessus, qui se lance dans des acquisitions externes après avoir repris confiance dans sa capacité collective à gérer un tel mouvement.
3. La recherche de la valeur globale.
   Nous visons toujours à intégrer l'humain et l'économique, et cela de manière récursive : l'humain par l'économique et l'économique par l'humain. Cette approche consiste à ne pas se focaliser seulement sur les œufs d'or mais toujours sur le maintien de la bonne santé de la poule.
4. La transformation par le milieu.
   Nous ne récusons pas la validité d'une approche *top-down* (haut vers le bas). De même, une approche *bottom-up* (bas vers le haut) s'avère souvent pertinente. Mais plutôt que de chercher à combiner les deux, nous nous employons à générer une dynamique *middle-out* (de l'intérieur vers la périphérie) qui est assez comparable à celle que Carlos Ghosn a pu mettre en place chez Nissan.
   C'est souvent le management intermédiaire qui est le plus proche de la réalité et qui vit, encore plus que les autres, les contradictions entre ce qui est vécu sur le terrain et ce qui est préconisé par les dirigeants.
5. Utiliser les projets transverses comme lieux de mobilisation et d'apprentissage collectif.
   Chaque projet transverse porte des éléments de code génétique de l'organisation. Aussi, la manière de conduire un projet peut révéler des dysfonctionnements plus globaux. En faisant le lien de mobilisation des acteurs et de prise en compte des faits bruts, on le transforme en caisse de résonance collective pour l'ensemble de l'organisation.
6. Regarder l'organisation comme un tout multiple.
   Si notre client est strictement le dirigeant principal – et c'est le cas le plus fréquent –, nous le regardons de façon à le percevoir comme

une entité « holomorphe » (ayant la forme du tout). Pour l'amener à générer, à travers lui et autour de lui, le développement de l'intelligence collective, nous l'aidons, par les différents aspects de notre accompagnement, à rendre tous les acteurs coresponsables et holomorphes.

Ainsi, notre coaching sera potentialisé par des actions de team-building, d'*organisation development*, par de grands projets transverses et la co-construction d'une vision (voir Figure Post-1). Le tout dans un regard à la fois mécanique, systémique et holomorphique sur l'organisation, et dans un souci constant de cohérence entre le sens et les résultats concrets.

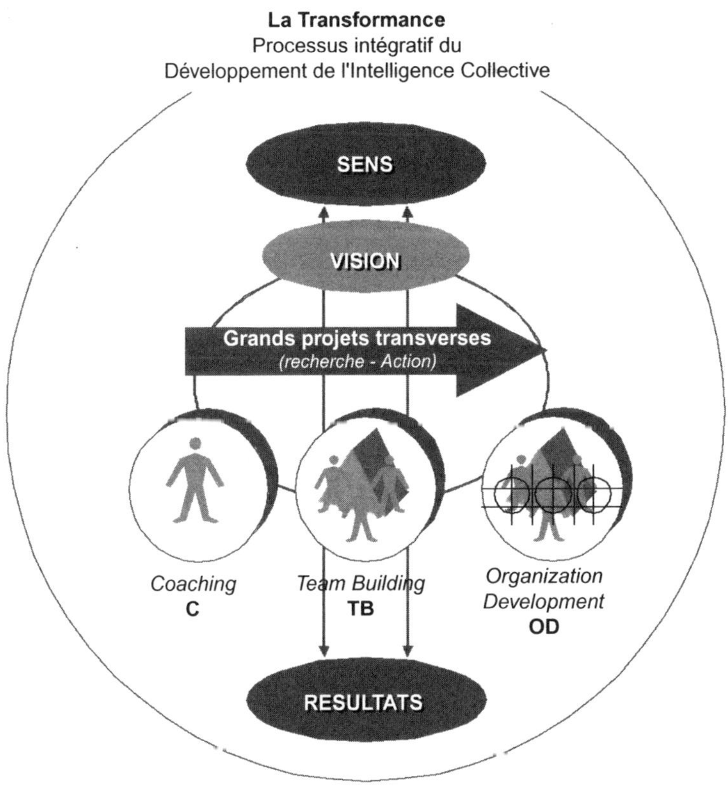

Post-1 La transformance

7. Gérer le paradoxe identitaire du consultant.
   Notre vocation est d'être des accompagnateurs capables d'apporter des solutions mais nous vivons constamment notre paradoxe identitaire, à savoir que quelles que soient notre compétence et notre expérience, elles doivent être au service du déploiement et des compétences individuelles et collectives de l'entreprise. Du fait de ce paradoxe identitaire, nous veillons à ne jamais « faire » à la place du client, même si, très souvent, la formule de travail en double commande s'avère la plus féconde pour résoudre un problème. Mais ce sont le développement de l'autonomie du client, par le compagnonnage et le coaching, qui permettent de trouver les meilleures solutions.

3. Conclusions

Premier élément : la construction de la vision se vit dans un cheminement au cours duquel l'ensemble des acteurs remettent en cause leur perception du réel, leur identité et leur positionnement en permanence.

Second élément : cette remise en cause permanente des représentations du réel passe évidemment par une construction identitaire des acteurs, à la fois individuelle et collective. Les « langoustes » deviennent des « vertébrés », les « requins » deviennent des « dauphins », les « chenilles » savent que le processus transformationnel par lequel elles passent les conduit à être des « papillons ».

Le travail de construction identitaire des experts-donneurs d'ordres, hiérarchiques ou mandataires sociaux, les conduit à s'accomplir dans un ordre identitaire supérieur – celui du dirigeant ressource qui sait accueillir et travailler avec des gens plus compétents que lui dans leur domaine –, puis dans un ordre encore supérieur : celui du porteur de sens. C'est-à-dire celui qui crée les conditions où l'ensemble des acteurs vont contribuer en permanence à la reconfiguration des visions et à l'enrichissement du code génétique porté par tous.

Ce travail identitaire, à l'évidence, suppose que les dirigeants aient vécu et assumé un certain nombre de paradoxes ; cela est également et avant tout valable pour nous-mêmes, les accompagnateurs.

Le premier paradoxe est celui qui consiste à aider les autres à se débrouiller seuls.

Le deuxième paradoxe tient au fait d'aboutir à des actions opérationnelles et simples, en ayant fait un détour par la complexité, en traitant des problèmes compliqués avec des outils du complexe et non l'inverse.

Le paradoxe fondamental de la compétence, enfin, est celui qui consiste à se positionner comme une toupie qui tourne très vite, en pouvant toutefois rester apparemment immobile. Il s'agit pour le responsable d'être capable de développer pleinement sa compétence, et en même temps de la « sacrifier » pour la mettre complètement au service du développement de la compétence des acteurs dont il a la charge. C'est le rôle du « développeur de talent » (*talent developer*).

Nous pouvons ainsi identifier que cette focalisation sur la transformance s'inscrit comme un « métamétier » ou une « métacompétence » au cœur de toutes les compétences managériales des dirigeants. Dans ce sens, elle intègre à la fois :

- La volonté de développer en permanence la capacité des acteurs à maintenir leur choix des possibles. C'est grâce à leur capacité de « contempl-acteurs », à savoir d'acteurs constamment capables de prendre des positions « méta », que les dirigeants y parviennent.
- La prise de conscience pour eux-mêmes (les dirigeants), et pour ceux qui les accompagnent, que la conscience sensible (*awareness*) de leur identité conditionne leur capacité d'action. Rappelons que pour nous, le potentiel et les limites de l'organisation sont à la mesure même du potentiel et des limites des acteurs qui la composent, et tout particulièrement de ses dirigeants.

Cette démarche, qui vise à libérer l'énergie et la conscience de la personne, n'a de sens que si elle se prolonge et s'incarne dans une logique de responsabilité. Rappelons la phrase de Victor Frankl s'adressant aux Américains : « *Vous avez construit à l'est la statue de la Liberté, un continent reste à traverser pour construire, à l'ouest, la statue de la Responsabilité* ».

Annexe 1

Questionnaire préparatoire pour le travail sur la vision

Réflexion préalable

1. D'où partons-nous ?

a. Existe-t-il une vision :

☐ globale ?

☐ locale ?

b. Quels sont les enjeux de :

- mon institution (dont je suis le responsable et/ou le mandataire social) ?
- mon équipe ?
- des interfaces ?

c. Par rapport au contexte spatial de l'institution :

- Quels sont les différents acteurs ?
- Quels sont les enjeux relatifs à chaque interface que j'ai à gérer ?

d. Par rapport au déploiement dans le temps :

- Quels sont les enjeux du passé, du présent et de l'avenir ?

2. L'élaboration

a. Qui élabore la vision *en interne* ?

☐ Vous seul.

☐ Un petit groupe.

☐ Un groupe pertinent.

☐ Tous les acteurs.

b. Qui élabore la vision *en externe* ?
- ☐ Les clients.
- ☐ Les sociétaires.
- ☐ Les fournisseurs.
- ☐ Les exemples de la concurrence.

c. Quelle vision déjà élaborée existe-t-il ?

d. Quel degré de rupture ?
- ☐ Évolution (améliorer l'existant).
- ☐ Mutation (faire autre chose).

e. Comment vais-je traiter les six différents niveaux ?
- Vocation…
- Ambition…
- Valeurs…
- Principes de management…
- Priorités stratégiques…
- Plan d'action…

f. S'agit-il :
- ☐ d'un progrès (stimuler le changement) ?
- ☐ d'un travail d'identité ou de cristallisation (préserver l'essentiel) ?

3. Le déploiement : par quel déploiement vais-je procéder ?

a. Dans l'espace :
- ☐ À partir du haut (haut en bas).
- ☐ Yo-yo (ça monte et ça descend).
- ☐ Tachiste (chaque projet porte ses arbitrages).
- ☐ À partir du centre (un groupe du management intermédiaire).

b. Dans le temps :
- Lié à un événement passé, en cours, ou en perspective.
- Quelles sont les étapes à percevoir ?
- Quelles sont les populations cibles et critiques ?
- Quel pilotage et quel dispositif ?

4. L'alignement (ou mise en cohérence)

a. Quel mode ou quels outils de management mets-je en place ? Par exemple :
  - Outils de gestion.
  - Entretiens d'évaluation.
  - Recrutement.
  - Gestion des carrières.
  - Comité de promotion et de choix des responsables.

b. Quelles sanctions positives (bonus, bonne promotion, etc.) suis-je à même de mettre en œuvre ?

c. Quelles sanctions négatives (pénalités, exclusion, etc.) suis-je à même de mettre en œuvre ?

5. L'exemplarité

a. Quelle implication prévois-je pour moi ? Ex. : évaluation par mes collaborateurs ?

b. Quelle implication prévois-je pour mon conseil d'administration, mon équipe ?

c. Comment puis-je incarner la vision avec mes collaborateurs ?
  - Quels actes symboliques ?
  - Quels comportements :
    – adopter ?
    – éviter ?

6. L'accompagnement

a. Quel type d'accompagnement ou d'animation sera fait :
  - par moi-même ?
  - par mon équipe ?

b. Quels agents de changement interne vais-je mobiliser ?
  - ☐ Chefs de services.
  - ☐ Chefs de projets.
  - ☐ Consultants.
  - ☐ RH.
  - ☐ …

c. À quelle aide externe, selon moi, est-il utile d'avoir recours ?

- ☐ Dirigeants externes.
- ☐ Témoins d'autres entités.
- ☐ Formateurs.
- ☐ Consultants.
- ☐ Coachs.

Annexe 2

À propos d'Elis

Les trois domaines champs d'action d'Elis sont :

- Le bien-être et l'hygiène.
- Le confort et la protection des personnes.
- La propreté et l'environnement.

La gamme de produits et de services est vaste ; elle s'adresse aux entreprises, aux administrations et aux collectivités…

Service sanitaire

- La prestation d'Elis garantit hygiène, image et confort pour les utilisateurs.
- Pour le client, sont assurés un entretien permanent des équipements et une gestion adaptée des stocks de consommables.
- Une gamme de cinq familles de services : lavage et essuyage des mains, distribution de papier hygiénique, de parfums, hygiène des cuvettes, hygiène féminine.

Habillement professionnel

- Une *solution* aux contraintes d'achat, de gestion, d'entretien et de réparation des vêtements professionnels.
- Des *gammes* adaptées à chaque métier et secteur d'activité : sécurité, protection, image, hygiène.
- *Conception* des vêtements, sélection des matières, personnalisation (par entreprise, par porteur).
- *Des services complémentaires :* traçabilité des vêtements par puce électronique, distribution automatique de vêtements.

Linge pour l'hôtellerie et la restauration

- Une *gestion rigoureuse* des flux de linge et un entretien de grande qualité.
- *Des gammes complètes* : nappes, napperons, serviettes, draps, taies, serviettes éponge, peignoirs…
- Des articles soigneusement sélectionnés pour cette activité (restauration, hôtellerie…) et *répondant aux besoins* : dimensions, coloris, motifs.

Linge pour les établissements de santé

- *Analyse* du fonctionnement des différents services et de la buanderie.
- Mise en place d'une organisation sur mesure dans le respect des normes (hygiène, accréditation).
- *Des articles adaptés* : draps, taies couettes, alèses, linge de toilette.
- Des matières spécialement testées et *répondant aux normes* : résistance au feu, absorption, imperméabilité.

Sterelis®, packs stériles pour blocs opératoires

- Une *gestion globale* du linge stérile pour la Santé.
- Des champs et casaques traités, stérilisés, conditionnés sous vide selon les types d'interventions, livrés au bloc.
- *Une assurance de la qualité* : des dispositifs médicaux de classe I stérile marqués CE.

Protection des sols

- *Une solution efficace pour la protection des sols* : des tapis anti-salissures absorbants (liquides et poussières), antistatiques, entretenus régulièrement.
- *Une gamme adaptée à chaque environnement* : dimensions, coloris, personnalisation avec votre logo…

Serviettes d'essuyage industriel

- *Des serviettes à haute performance* : forte absorption, netteté de l'essuyage, du nettoyage grossier au plus fin.
- *Un traitement adapté* : lavage à haute température et désinfection au rinçage.
- *Environnement* : procédé exclusif d'épuration par microfiltration et évaporation sous vide.
- Assurance Qualité *ISO 9002 et 14001*.

Fontaines à eau

- Un *service* comprenant la livraison des bonbonnes d'eau et des gobelets, entretien régulier et approfondi (dont échange du circuit d'eau interne).
- Une *eau pure* à température ambiante, fraîche ou chaude. Une gamme complète de *boissons chaudes et fraîches*.
- Une *garantie de bien-être* pour le personnel, les clients et les visiteurs.

Machines à café expresso

- Pour le *bien-être* du personnel, *l'accueil* de visiteurs.
- *Design élégant* qui s'harmonise avec l'environnement et trouve naturellement sa place dans les bureaux, salles de réunions…
- *Satisfait* tous les amateurs de café et *surprend* par sa simplicité d'utilisation et son *hygiène irréprochable*.

Elis
31, rue Voltaire – 92803 PUTEAUX Cedex BP62
Tél. : 01 41 25 45 00
Site : www.elis.com

Annexe 3

À propos de Transformance

Le développement des hommes – la transformation des organisations

Construite à la rencontre du coaching et du conseil en management, l'entreprise Transformance a pour ambition d'aider les responsables à créer, autour d'une vision partagée des enjeux et de l'avenir de leur entreprise ou de leur équipe, les conditions d'une performance durable et de très haut niveau.

Nous voulons contribuer à la réussite des projets de nos clients, mais aussi transformer ces projets en opportunités majeures de développement pour les hommes et les équipes. Nos interventions intègrent trois niveaux : l'Entreprise, l'Équipe et la Personne.

La conviction d'une entreprise humaine, par choix et par nécessité

L'économique et l'humain coexistent nécessairement dans l'entreprise, l'un pour et par l'autre.

Dans un monde pour longtemps en profonde reconfiguration, les organisations doivent apprendre à s'adapter en permanence : cette capacité d'adaptation repose sur la coresponsabilisation des acteurs et la croissance des personnes.

Qu'elles soient privées ou publiques, les organisations sont des systèmes de plus en plus complexes : pour un manager, maîtriser cette complexité repose sur un nouveau savoir-être, mis en œuvre dans la durée plus que sur l'accumulation des expertises et les succès ponctuels.

Les partis pris de nos interventions

Comme d'autres, nous savons maîtriser les projets de changement, mais nous en faisons des occasions uniques de développement pour les hommes et les organisations : ces projets révèlent la part de champion de chaque individu et stimulent la construction de l'intelligence collective.

La performance durable implique à la fois de préserver l'essentiel (les valeurs, la mission…) *et* de stimuler le progrès (les priorités et plans d'actions, l'innovation, les succès ponctuels…). Elle privilégie le développement et la croissance, l'envie de construire et de progresser, l'enthousiasme et le dépassement de soi.

C'est l'accord sur les finalités et les enjeux qui, seul, permet de réussir de véritables transformations et donne un sens au mouvement et aux deuils à vivre à chaque étape du changement.

Nos interventions intègrent trois niveaux : l'entreprise, l'équipe et la personne

Dans le cadre d'une entreprise ou d'une organisation, il s'agit de :

- mobiliser le top management autour de l'élaboration d'une vision partagée ;
- orchestrer avec l'équipe dirigeante et accompagner un processus de transformation de l'entreprise ou de changement en profondeur ;
- repérer les freins à la réussite d'une démarche de changement en cours, et concevoir un programme spécifique d'accompagnement ;
- mettre en cohérence, avec la vision, les processus les plus structurants.

Dans le cadre d'une équipe :

- renforcer la cohésion et la confiance, doper l'efficacité du travail en commun (team-building) ;
- construire en quelques semaines une vision partagée ;
- coacher l'équipe de pilotage d'un programme de changement en cours ;
- former et mettre en place, dans une organisation, un réseau de responsables porteurs de sens ou de coachs internes.

Pour une personne :

- coaching opérationnel d'un dirigeant, manager ou agent de changement dans le cadre d'un programme de transformation de son entreprise ;

- initiation à l'intelligence collective (séminaire « Dirigeant ressource ») ;
- coaching individuel pour améliorer sa performance personnelle.

Transformance est également un cabinet qui se veut une « école de management » et s'adresse à des acteurs du monde professionnel qui souhaitent développer leur identité et leur capacité à piloter et accompagner le changement.

1. Transformance dispense, sur la durée, trois niveaux de formation qui s'appuient sur des programmes et sont destinés aux personnes qui souhaitent acquérir une capacité prouvée à jouer un rôle de coach dans un contexte professionnel :
   Coach & Team (CT+) est la formation de base du coaching. C'est une formation qualifiante qui se déroule sur un an, en 6 sessions de 3 jours + 2 jours d'examens.
   Master CTCI (Coaching and Team Building within Collective Intelligence) prolonge et approfondit la formation CT (sur 21 jours).
   TSCT (Teacher and Supervisor CT) est une formation de formateurs qui permet aux professionnels du coaching de développer leurs qualités d'enseignants et de superviseurs et d'être certifiés sur un parcours de 3 à 5 ans.
2. Le séminaire « Dirigeant ressource », organisé autour d'une journée, permet à des responsables de s'initier aux concepts fondamentaux développés dans les différents ouvrages de Vincent Lenhardt, et de se mettre en phase avec les partners du cabinet Transformance. L'objectif est le pilotage d'actions de développement de l'intelligence collective.

Le « code génétique » de Transformance est fait de valeurs, de compétences, d'expériences et de pratiques, bref, d'une « enveloppe culturelle » organisée autour de différentes convictions :

1. La nécessité de prendre en compte la complexité : s'agissant du développement individuel et collectif de personnes humaines, le plus souvent au sein d'organisations, notre positionnement vise à agir pour, dans et par la complexité.
   La gestion du changement dans le monde du travail ne peut se faire effectivement sans que les acteurs soient préparés à la complexité.
   Nos actions de formation doivent, de ce fait, être organisées dans la complexité par des processus qui s'en réclament (et non au travers de méthodes pédagogiques linéaires). Elles combinent d'une part

des interactions multiples (individu, petit groupe, grand groupe) et d'autre part plusieurs approches (apports théoriques, groupes de pairs, lieu thérapeutique, lieu de supervision, etc.).

2. Savoir placer et revenir à l'essentiel au cœur de l'important : l'être humain dans le monde professionnel ne peut être réduit à un objet de production.
   Il doit assumer une ambiguïté managériale fondamentale : être un sujet en croissance (l'essentiel) et un objet de production (l'important).
   Conformément à la métaphore de la poule aux œufs d'or, il s'agit d'assumer la croissance et la fécondité de la poule (l'essentiel), ainsi que la prise en compte de l'œuf d'or (l'important).
   Cela suppose un parti pris fondamental, qui consiste à assurer un développement générique des acteurs (l'essentiel) et à augmenter leurs compétences en leur fournissant les instruments nécessaires (l'important).
3. Pour être à l'aise dans la complexité et rendre autonomes les acteurs, il s'agit de créer les conditions d'*une éducation de la liberté vers la responsabilité*.
   Les potentiels et les limites d'une équipe ou d'une organisation sont à la mesure des potentiels et des limites des acteurs individuels qui la composent.
   C'est pour cela que le développement personnel – et thérapeutique – des acteurs se doit d'être au cœur de leur développement professionnel.
4. La trilogie « sens - processus - contenu » qui traverse les actions menées par Transformance Pro contribue fondamentalement à *une construction identitaire holomorphique des acteurs concernés*.
   C'est ainsi que nos différents séminaires et cursus de formation sont conçus en vue de l'intégration du développement aux différents plans personnel, professionnel, managérial et organisationnel.

Bibliographie

Ouvrages de Vincent Lenhardt

LENHARDT V., *L'analyse transactionnelle : concepts, procédures, bio-scénarios et perspectives spirituelles*, Retz, 1992.

LENHARDT V., *Les responsables porteurs de sens – Culture et pratique du coaching et du team-building*, Insep Éditions, 1992, Insep Consulting, nouvelle édition enrichie, 2002 ; traduit en anglais par *Coaching for Meaning*, Macmillan, 2004.

LENHARDT V., CARDON A., NICOLAS P., *L'analyse transactionnelle*, Éditions d'Organisation, 2003.

LENHARDT V. et FOURCADE J.-M., *Analyse transactionnelle et bio-énergie*, Jean-Pierre Delarge, 1981.

GODARD A. et LENHARDT V., *Engagements, espoirs, rêves*, Village Mondial, 1999 ; traduit en anglais par *The Transformational Leadership*, Macmillan, 2000.

MARTIN B., LENHARDT V. et JARROSSON B., *Oser la confiance – Propos à l'usage des dirigeants*, Insep Éditions, 1997.

Autres ouvrages

ABURDENE, J. et NAISBITT, P., *Coup d'État dans l'entreprise*, InterÉditions, 1986.

ALLEN, R. L., BLAKE, R. R. et SRYGLEY MOUTON J., *Culture d'équipe – Team-building – La grille des équipes gagnantes*, Éditions d'Organisation, 1988.

ANGEL, P., AMAR, P., *Le coaching*, PUF, Collection Que sais-je.

ATHOS, A. G. et PASCALE, R. T., *Le management est-il un art japonais ?*, Éditions d'Organisation, 1984.

AURIOL, P. et CORNET, V., *Le parler-vrai – La méthode Schutz pour être vrai avec soi-même et avec les autres*, ESF, 1995.

BAILLEUX, J.-M. et CARDON, A., *Pour changer ! – Repères pour agir dans un environnement incertain*, Éditions d'Organisation, 1998.

BAUMARD, P., *Organisations déconcertées – La gestion stratégique de la Connaissance*, Masson, 1997.

BENAYOUN, R., *Entreprises en éveil – Techniques et cas de maîtrise du changement*, Entreprise moderne d'édition, 1979.

BENNIS, W. G., *Développement des organisations*, Dalloz Gestion, 1975.

BLAKE, R., *Spectacular Teamwork: How to develop the Leadership Skills for Team Success*, John Wiley & Sons Inc, 1987.

BLANCHARD, K. et WAGHORN, T., *Anticiper le changement*, Dunod, 1997.

BLANCHARD, K., CAREW, D. et PARISI-CAREW, E., *The One minute Manager Builds High Performing Teams*, William Morrow, 2000.

DE BOURMONT, G., *Et si je me faisais coacher, moi aussi ?* InterÉditions.

BRILMAN, J., *Les meilleures pratiques de management*, Éditions d'Organisation, 1998.

BUCHHOLZ, S. et ROTH, T., *Creating the High-Performance Team*, ed. by Kären Hess, Wiley, 1987.

CARDON, A., *Coaching d'équipe*, Éditions d'Organisation, 2003.

Décider en équipe, Éditions d'Organisation, 1992.

Jeux pédagogiques et analyse transactionnelle, Éditions d'Organisation, 1981.

Leadership de transition, Éditions d'Organisation, 2005.

Le manager et son équipe – L'analyse transactionnelle et l'école de Palo Alto, Éditions d'Organisation, 1986.

Profils d'équipes et cultures d'entreprises, Éditions d'Organisation, 1992.

COHEN, E., *Innover pour la vie – Rhône-Poulenc, 1895-1995*, Albin Michel, 1995.

COLLINS, J. C., *De la performance à l'excellence*, Village Mondial, 2003 ; traduit de l'anglais *Good to great*, Arrow/Children, 2001.

COLLINS, J. C. et PORRAS, J. I., *Bâties pour durer – Les entreprises visionnaires ont-elles un secret ?*, First, 1996 ; traduit de l'anglais *Built to Last – Successful Habits of Visionary Companies*, HarperCollins Publishers, 1994.

COMTE-SPONVILLE, A., *Valeur et vérité – Études cyniques*, PUF, 1994 (voir le chapitre « Le capitalisme est-il moral ? »).

COVEY, S. R., *Les sept habitudes de ceux qui réalisent tout ce qu'ils entreprennent*, coll. Business, First, 1996.

CROZIER, M., *La crise de l'intelligence*, InterÉditions, 1998.

L'entreprise à l'écoute, InterÉditions, 1989.

DEMING, W. E., *Hors de la crise*, Economica, 2002.

DE ROSNAY, J., *L'homme symbiotique*, nouvelle édition, Seuil, 2000.

DÉTRIE, J.-P., *Strategor – Politique générale de l'entreprise, stratégie, structure, décision, identité*, InterÉditions, 1997.

DEVILLARD, O., *Coacher, efficacité personnelle et performance collective*, Dunod, 2001.

Dynamique d'équipes, Éditions d'Organisation, 2005.

DHERSE, J.-L. et MINGUET, DOM H., *L'éthique ou le chaos*, Presses de la Renaissance, 1998.

DRUCKER, P., *Le Leader de demain*, Village Mondial, 1997.

DYER, W. G., *Team-building – Issues and Alternatives*, 2nd edition, Addison Wesley, 1987.

ETCHEGOYEN, A., *La valse des éthiques*, F. Bourin-Julliard, 1991.

FaBER, E., *Main basse sur la cité*, Hachette Littératures, 1992.

FAUVET, J.-C. et FOURTOU, J.-R., *La passion d'entreprendre*, Éditions d'Organisation, 1985.

FRANKL, V. E., *Découvrir un sens à sa vie avec la logothérapie*, Éditions de l'Homme, 1988.

GENELOT, D., *Manager dans la complexité – Réflexions à l'usage des dirigeants*, Insep Consulting, 2001.

GHOSHAL, S. et BARTLETT, C., *L'Entreprise individualisée*, Maxima, 1998.

GIBSON, R., *Repenser le futur*, Village Mondial, 1997.

HALL, T. E. et REED Hall, M., *Guide du comportement dans les affaires internationales – Allemagne, États-Unis, France*, Seuil, 1990.

HAMAL, G. et PRAHALAD, C. K., *La conquête du futur*, InterÉditions, 1995.

HANDY, C., *Le temps des paradoxes*, Village Mondial, 1995.

HERSEY, P., *Le leader situationnel*, Éditions Actualisation, 1995.

JARROSSON, B., *Invitation à une philosophie du management*, Calmann-Lévy, 1994.

JOINES, V. et STEWART, I., *Manuel d'Analyse Transactionnelle*, InterÉditions, 2000

KATZENBACH, J. et SMITH, D., *Les équipes haute performance*, Dunod, 1994.

KERJEAN, A., *Hors limites – Apprendre en agissant*, Albin Michel, 1989.

Les nouveaux comportements dans l'entreprise – Oser secouer l'organigramme, Éditions d'Organisation, 2000.

KINLAW, D. C., *Coaching for Commitment – Managerial Strategies for Obtaining Superior Performance*, Pfeiffer & Co, 1993.

LEBEL, P., *L'animation des réunions*, Collection Formaction, Éditions d'Organisation, 1983.

LECERF, O., *Au risque de gagner*, Éditions de Fallois, 1991.

LE SAGET, M., *Le Manager Intuitif – Une nouvelle force*, Dunod, 2003.

MACK, M., *L'Impératif humain*, Masson Éditeur, 1992.

Pleine valeur, Insep Consulting, 2003.

Co-évolution, dynamique créatrice, Village Mondial, 1997.

MALAREWICZ, J.-A., *Systémique et Entreprise – Coaching – Relations interpersonnelles – Changement*, Village Mondial, 2000.

MARC, E. et PICARD, D., *L'école de Palo Alto – Un nouveau regard sur les relations humaines*, Retz, 2000.

MASSON, P., *Manager humaniste*, Éditions d'Organisation, 2004.

MORIN, P., *Le développement des organisations*, Dunod, 1993.

OUCHI, W., *Théorie Z – Faire face au défi japonais*, InterÉditions, 1997.

PEREZ, S., PIÉTRAC, É., *Entreprises-salariés : une autre idée de la relation*, Laffont.

PETERS, T., *Le chaos management – Manuel pour une nouvelle prospérité de l'entreprise*, InterÉditions, 1988.

L'entreprise libérée, Dunod, 1993.

Liberation Management - Necessary Disorganization for the Nanosecond Nineties, Knopf, 1993.

SALMON, R., *Tous les chemins mènent à l'homme*, InterÉditions, 1994.

SALMON, R. et DE LINARÈS, Y., *L'intelligence compétitive*, Economica, 1997.

SALOFF-COSTE, M., *Le management du troisième millénaire*, Guy Tredaniel Éditeur, 2005.

SAUCET, M., *La sémantique générale aujourd'hui*, Éditions Courrier du Livre, 1987.

SCHUTZ, W., *Joie*, Éditions Épi, 1974.

Option Vérité, Le Jour Éditeur, 1992.

Profound simplicity, Pfeiffer & Co, 1982.

The Human Element, Jossey-Bass, 1994.

SENGE, P., *La cinquième discipline*, First, 1991.

SÉRIEYX, H., *Big Bang des Organisations*, Calmann-Lévy, 2004.

La Nouvelle Excellence – Réussir dans l'économie nouvelle, Maxima, 2000.

Le zéro mépris, InterÉditions, 1999.

SIMONET, J. et R., *Le management d'une équipe – Guide pour négocier, animer, former*, Éditions d'Organisation, 1987.

SINGER, E. J., *Effective Management Coaching*, Institute of Personnel Management, 1979.

SRYGLEY MOUTON, J., *Success*, John Wiley & Sons.

TICHY, N. M., *Control Your Destiny or Someone Else Will*, Doubleday Currency, 1993.

The Leadership Engine, HarperBusiness, 1994.

TISSIER, D., *Management situationnel*, nouvelle édition enrichie, Insep Consulting, 2001.

TOFFLER, A., *Les nouveaux pouvoirs – Savoir, richesse et violence à la veille du XXIe siècle*, Fayard, 1991.

ZARKA, M. et JARROSSON, B., *La stratégie réinventée*, Dunod, 1995.

Dépôt légal : juin 2005
IMPRIMÉ EN FRANCE

Achevé d'imprimer le 8 juin 2005
sur les presses de l'imprimerie «La Source d'Or»
63200 Marsat
Imprimeur n° 9877